청년이 답하다

청년이 답하다

지은이 엄장윤
펴낸이 임상진
펴낸곳 (주)넥서스

초판 1쇄 발행 2017년 7월 5일
초판 2쇄 발행 2017년 7월 10일

출판신고 1992년 4월 3일 제311-2002-2호
10880 경기도 파주시 지목로 5 (신촌동)
Tel (02)330-5500 Fax (02)330-5555

ISBN 979-11-6165-039-5 03230

저자와 출판사의 허락 없이 내용의 일부를 인용하거나
발췌하는 것을 금합니다.
저자와의 협의에 따라서 인지는 붙이지 않습니다.

가격은 뒤표지에 있습니다.
잘못 만들어진 책은 구입처에서 바꾸어 드립니다.

www.nexusbook.com
넥서스CROSS는 넥서스의 기독 브랜드입니다.

사랑의교회 대학부 특별 보고서

청년이 답하다

엄장아윤 지음

넥서스CROSS

추천사

시처럼 아름답고
불처럼 뜨거운 헌신

시대가 어둡고 절망이 짙을수록 청년이 꿈꾸고, 길을 찾고, 미래에 답해야 한다. 이 책 『청년이 답하다』는 제목을 읽는 순간부터 심장을 뛰게 한다. 삶의 자리에서 젊은 영혼들을 섬기기 위해 울며, 쉼 없이 땀을 쏟아온 학생 리더 511명의 고민, 고백, 소망을 담은 책이기 때문이다.

이들의 이야기는 시처럼 아름답고 불처럼 뜨겁다. 무엇이 이들을 이토록 헌신하게 만들었을까? 우리는 어떻게 이 시대의 젊은이들을 이와 같이 젊은 소명자로 만들 것인가? 바로 '한 사람 철학'을 가지고 예수님의 '제자'를 만드는 것이라고 이 책은 주저 없이 답한다. 그리고 이것이 실제 어떻게 열매로 나타나고 있는지 구체적으로 보여준다.

사랑의교회니까 가능했다고 미리 속단하며 포기하지 마라. 하나님을 강렬히 만나 꿈을 품고, 쉼 없이 제자를 만들어낼 때 우리가 선 그곳에서 동일한 일들이 벌어질 것이다.

권 호 목사
(로뎀교회 담임, 국제신학대학원대학교 설교학 교수)

규모와 관계없는
제자훈련 스피릿

2016년 여름 총신대 양지 캠퍼스에서 만난 사랑의교회 대학부를 나는 아직도 잊을 수 없습니다. 은혜에 목말라 하는 젊은이들에게 말씀을 전하는 것이 얼마나 신나는 일인지요. 참으로 오랜만에 느껴보는 감동이었습니다.

젊은이들은 기성세대와 다음세대를 연결하는 가교입니다. 이민교회 상황에서는 저들이 1세와 2세를 연결하는 중요한 역할을 합니다. 그러므로 젊은이들을 방치하는 것은 다음세대를 포기하는 것입니다.

이 책 『청년이 답하다』가 위기를 만난 한국교회와 이민교회 젊은이 사역에 신선한 자극이 되길 기대합니다. 사랑의교회 대학부가 규모는 크지만 한 영혼을 그리스도의 온전한 제자로 세우기 위해 제자훈련과 소그룹 모임을 중심으로 사역하는 공동체이기 때문에, 규모와는 상관없이 젊은이 사역의 현장에서 고군분투하는 목회자나 청년에게 큰 도움이 될 것입니다. 이 책을 통해 제자훈련으로 세워져 가는 사랑의교회 대학부의 스피릿을 발견하길 기대합니다.

고현종 목사
(미국 디사이플교회 담임)

'내일의 중심'이 될
'오늘의 제자'들을 향한 사랑

1992년 사랑의교회 대학부를 만나지 못했다면 지금과는 다른 삶을 살고 있을 것이기에 대학부는 저에게 늘 영적인 고향과도 같은 곳입니다. 또래 친구들 그리고 선후배들과 함께 하나님의 말씀을 묵상하고 삶을 나누는 과정 속에서 영적 기초를 다질 수 있었고 인생의 방향을 결정할 수 있었습니다. 『청년이 답하다』라는 사랑의교회 대학부의 제자훈련 이야기는 제게 남의 이야기가 아닙니다. 대학부에서 받은 은혜의 빚을 갚는 심정으로 저는 지금 로고스호프에서 60여 개국에서 모인 380여 명의 사역자들을 '한 사람' 철학, 제자훈련 정신으로 섬기고 있습니다.

'내일의 중심'이 될 '오늘의 제자'들을 향한 사랑으로 함께 달려가고 있는 한국교회 청년사역자들, 그리고 함께 동역하는 대학청년 리더들에게 사랑의교회 대학부의 진솔한 이야기들이 격려가 되고 도전이 되기를 기도드립니다.

박필훈 선교사
(로고스호프 국제선교선 단장)

기성세대의 나태함에
경종을 울리는 청년들의 이야기

엄장윤 목사를 생각하면 겸손, 열정, 유쾌함이라는 단어가 연상됩니다. 우리는 1995년 경북대 SFC에서 간사와 학생으로 첫 만남을 시작하였습니다. 22년의 세월이 흘렀지만 엄장윤 목사는 여전히 지치지 않은 청년사역자입니다. 한국교회에서 청년사역이 다음 사역으로 넘어가는 디딤돌로 여겨지는 상황에서도 한결같이 대학생과 청년을 떠나지 않고 이들을 위해 목숨을 내어놓고 사역하는 모습이 참으로 대견합니다.

이렇게 진실된 사역자를 통해 사랑의교회 대학부의 제자훈련 이야기가 한국교회에 소개될 수 있어 정말 기쁩니다. 511명의 대학부 리더에게 말하게 하는 새로운 접근 방법은 매우 신선하게 다가옵니다. 그들의 감동어린 이야기들은 우리 기성세대의 나태함에 경종을 울립니다.

이 책『청년이 답하다』가 대학청년부의 부흥을 꿈꾸는 이들에게 사역의 모델이 되고, 부흥의 큰 디딤돌이 되기를 소망합니다. 청년을 사랑하는 모든 자로 하여금 새로운 열정으로 다시 꿈꾸게 만들기를 기대합니다.

김동춘 목사
(SFC 대표간사)

프롤로그

청년사역,
더 이상 옵션이 아니다

'오월은 금방 찬물로 세수를 한 스물 한 살 청신한 얼굴이다.'

피천득 시인의 〈5월〉이라는 시의 첫 구절이다. 봄꽃이 만개하고 녹음이 짙어지는 5월을 시인은 스물 한 살 얼굴에 비유하고 있다. 20대, 청년은 누구에게나 돌아가고픈 가장 눈부신 세월임에 틀림없다. 그런데 한국교회에서 청년사역이 차지하는 비중은 이와는 크게 다르다. 가장 눈부신 세대가 아니라, 있으면 좋고 없으면 어쩔 수 없는 그런 어정쩡한 위치다. 교회가 어느 정도 성장하면, 재정적으로 여유가 생기면 지원해주는 부서, 그래서 언제나 사역의 우선순위에서 제일 아래 칸을 차지하는 부서가 청년대학부다.

한국교회의 위기를 애기할 때마다 다음세대를 키워야 한다는 것이 늘 따라오는 대안이지만, 정작 한국교회가 청년사역에 투자하는 부분은 별반 달라진 것이 없다. 정말 청년사역은 있으면 좋고, 없어도 크게 불편하지 않은 옵션사항인가? 청년사역에 조금만 더 투자하고 배려하면 교회 전체가 힘을 얻게 되는 경우들을 보여주는 것이 필요하다고 여겼다. 아무리 해도 안 된다는 하소연 앞에 사역의 열매를 공유함으로써 함께하자고 손을 내미는 것 말이다.

아무도 알아주지 않지만 묵묵히 청년사역에 온 힘을 다해 헌신하는 사역자가 적지 않다. "어떻게 하면 한 영혼이라도 더 교회에 정착시킬까? 어떻게 하면 한 영혼이라도 더 변화시킬까? 어떻게 하면 우리 청년대학부가 더 건강하게 성장할까?"를 고민하는 청년사역자들을 나는 많이 만났다. 한국교회에 사랑의교회 대학부가 지금까지 거듭 성장할 수 있었던 핵심철학과 사역을 공유하려 한다. 이 책이 청년사역에 헌신하는 이들에게 도움이 될 것이란 믿음으로 말이다.

사랑의교회 대학부의 성장 요인은 "한 사람을 그리스도의 온전한 자로 세우는 제자훈련 철학"이다. 사랑의교회가 개척되고 1년이 지나 '젊은이 선교'라는 핵심 비전을 가지고 대학부가 시작되었다. 캠퍼스 선교단체의 제자훈련 시스템을 1979년부터 교회 안으로 가져와 청년사역에 접목시켰다. 처음부터 대학부는 제자훈련에 집중하였고, 제자훈련을 수료한 리더의 섬김과 헌신 위에 지금의 모습을 갖추게 되었다. 지금은 다양한 양육과 훈련, 예배와 사역이 존재하지만, 이것들조차도 소그룹 리더의 자발적인 섬김과 헌신으로 생겨나서 성장하여 정착되었다. '제자훈련'과 '한 사람' 철학이 대학부의 핵심이라 할 수 있다.

사랑의교회 대학부의 구조와 규모 때문에 지역교회의 청년부가 접목할 것이 없어 보일 수 있다. 우리 대학부는 재적이 4,200명, 매 주일 평균 출석이 2,000명이 넘는다. 대학부가 성장할 때마다 효율적으로 양육하기 위해 인위적으로 분할하였고, 그 결과 지금의 8개 대학부가 되었다. 각 부서마다 적게는 200명, 많게는 300명 정도 출석하고 있다. 이런 규모 때문에 중소교회의 청년대학부가 모델로 삼기에는 거리감이 있어 보인다. 10명, 많아야 20명이 조금 넘는 교회의 청년부가 적용하기에는 너무 다른 세계의 이야기로 들릴 수도 있다. 그런데 우리 대학부도 처음에는 열 명 남짓의 대학생 기도 모임에서 출발하였다. 20명의 청년이 마음을 모으고, 그들에게 하나님 나라의 비전을 심어주고, 목회자가 조급해하지 않고 말씀으로 잘 양육하기로 마음먹으면, 우리 대학부에서 참고하고 접목할 내용이 많을 것이다. 사랑의교회 대학부가 모델로 삼을 만큼 완전하다는 것이 아니다. 우리도 수많은 시행착오를 겪으며 한 영혼을 더 잘 품기 위해 치열하게 고민하고 노력한 결과 지금의 모습을 갖추게 되었다. 그래서 함께 나눌 것이 있다고 여겼다. 이 책이 수많은 지역교회의 청년대학부들이 불같이 일어나는 계기가 되기를 소망한다.

사랑의교회 대학부의 핵심 철학은 '제자훈련'이다. 제자훈련을 통해 제자도로 무장된 리더의 자발적인 섬김을 빼고는 대학부를 설명할 수 없다. 기존의 청년사역에 관한 책들이 대부분 목회자나 교회의 관점에서 서술된 정보였다면, 이 책은 현장의 최일선에 있는 소그룹 리더가 말하는 대학부를 담고자 했다.

이를 위해 511명의 대학부 리더에게 제자훈련에 대한 내용을 중심으로 설문조사를 실시하였다. 대학부가 지금까지 당연하게 여겼던 제자훈련의 영향력을 객관적으로 평가받을 필요가 있었던 것이다. 제자훈련이 청년의 영적 성장에 어떠한 영향을 미쳤는지, 또한 제자훈련이 리더의 사역과 섬김에 어떠한 영향을 미쳤는지를 냉정하게 평가받고자 하였다. 이러한 객관적 평가는 신뢰할 수 있는 데이

터가 되어 대학부의 실질적인 사역 현장을 보여줄 수 있을 것이다.

나는 2002년부터 지금까지 사랑의교회 대학부에서 청년사역을 이어오고 있다. 15년을 헌신했을 뿐인데 어느덧 청년사역의 전문가로 불리고 있다. 그런데 지금까지의 대학부를 세워온 주인공은 하나님의 은혜를 깨닫고 그리스도의 제자로 살기로 헌신한 수많은 리더들이다. 대학부의 목회자들은 이들을 훈련하고 믿고 지지해준 것이 전부다. 훈련을 통해 자발적으로 헌신하게 된 수많은 리더가 말하는 대학부의 맨 얼굴을 이 책을 통해 나누려 한다.

511명의 대학부 리더에게 먼저 개인적인 신상에 대해 물었다. 이들을 제대로 이해하면 한국교회의 청년들을 더 잘 이해할 수 있고, 그들의 필요를 채울 사역들을 세울 수 있기 때문이다. 그리고 제자훈련에 대해 세부적인 평가를 실시했다. 제자훈련이 청년들의 성장에 미친 영향을 확인하고 더 보완해야 할 것을 찾기 위해서다. 마지막으로는 끝까지 붙잡아야 할 대학부 사역들에 대해 물었다. 그리고 그 결과를 가감 없이 담았다. 또한 대학부 리더의 실제 이야기를 통해 하나님의 역사를 나눌 것이다. 소망 없이 살던 청년들이 하나님을 만나고 성장한 이야기, 실패하고 넘어져 좌절할 때도 많았지만 다시 딛고 일어나 하나님의 시간표대로 변화되고 성장한 청년들의 진솔한 이야기를 말이다. 우리 교회 대학부 안에서 실제로 어떠한 일들이 일어나고 있는지를 생동감 있게 느낄 수 있을 것이다.

다음세대를 준비하는 필수사역으로 청년사역이 자리매김하는 데 이 책이 쓰이기를 간절히 기도한다.

차 례

- 추천사 · 04
- 프롤로그 | 청년사역, 더 이상 옵션이 아니다 · 08

Chapter 1

리더를 알면 대학부가 보인다

모태신앙, 진짜 신앙인가? · 17
형제가 사라지고 있다 · 20
강남 엘리트들만 모인다? · 24
골든타임, 1학년에 승부를 걸라! · 28
대학부에 웬 직장인? · 32
대학부에 왜 왔어? · 36
무엇이 나를 성장하게 하는가? · 41

Chapter 2

제자훈련, 오직 한 길을 걷다

정말 도움이 되었어? · 47
제자훈련, 왜 지원했어? · 49
제자훈련을 들여다보다 · 56
그래서 뭐가 달라졌어? · 60
제자훈련, 가족이 되다 · 64

나는 왜 리더가 되었나? · 66
제자훈련, 성역은 없다 · 75
배움도 습관이다 · 79
평생 동역자를 얻다 · 84
청년들은 이런 목회자를 원한다 · 88

Chapter 3

끝까지 붙잡을 핵심사역을 말하다

수양회, 너무 뻔한데 그걸 또… · 95
해외 단기선교, 남이 아닌 나의 선교가 되다 · 106
캠퍼스선교, 죽어도 포기 못해! · 116
군선교, 소그룹으로 약진 앞으로! · 121
통일선교, 기도와 눈물로 채운다 · 125
멘토링, 신앙 계승 가능하다 · 129
나눔과 섬김 사역, 자랑이 아니라 훈련이다 · 132

- 에필로그 | 다시 근원으로 돌아가자 · 138

부록

1. 대학부 양육 구조도 · 144
2. 제자학교 A과정 오리엔테이션 · 145
3. 제자학교 A과정 1강 강의안 · 148
4. 제자훈련 오리엔테이션 · 154
5. 겨자씨 선교학교 강의안 · 158
6. 좌담회 · 164

chapter 1

리더를 알면 대학부가 보인다

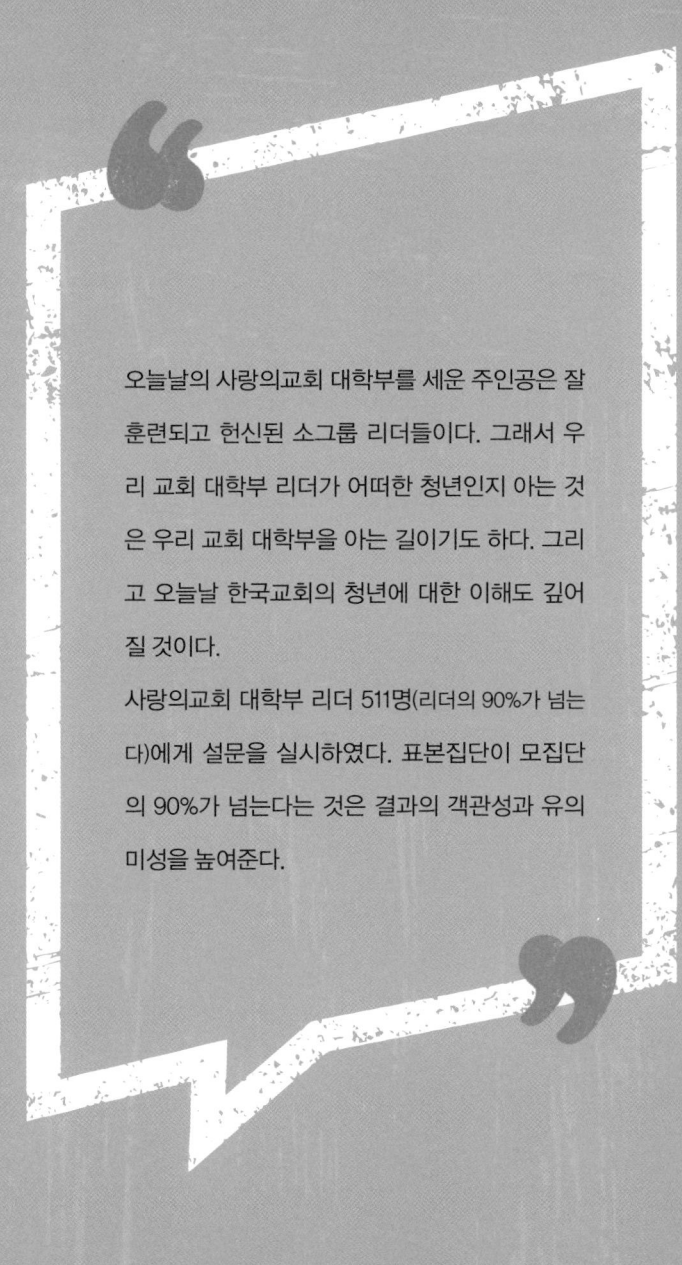

오늘날의 사랑의교회 대학부를 세운 주인공은 잘 훈련되고 헌신된 소그룹 리더들이다. 그래서 우리 교회 대학부 리더가 어떠한 청년인지 아는 것은 우리 교회 대학부을 아는 길이기도 하다. 그리고 오늘날 한국교회의 청년에 대한 이해도 깊어질 것이다.

사랑의교회 대학부 리더 511명(리더의 90%가 넘는다)에게 설문을 실시하였다. 표본집단이 모집단의 90%가 넘는다는 것은 결과의 객관성과 유의미성을 높여준다.

모태신앙, 진짜 신앙인가?

벌써 10년 전의 일이다. 화요일 점심시간이 조금 지났을 때 한 집사님이 매우 조심스럽게 대학부 사무실에 들어오셨다. 어렵게 꺼낸 말이 자신의 아들을 대학부로 인도해달라는 것이다. 대학을 들어간 지 벌써 2년이 되었는데, 고3 올라가면서부터 교회를 나오지 않고 있다고 한다. 고등부까지는 부모보다 더 교회가기를 좋아했고, 교회 일이면 무슨 일이든 나서서 하는 아들이었다고 한다. 그대로 두면 고3이 되어서도 교회에 너무 많은 시간을 빼앗길 것 같아, 대예배만 드리고 고등부를 못 나가게 하고 학원에 보냈다고 한다. 그런데 이 형제가 대학에 들어가서부터는 아예 대예배도 드리지 않게 되었다는 것이다. 어머니가 다시 교회 나가고 대학부도 출석하자고 했는데, 엄마가 먼저 교회 나가지 말라고 하지 않았냐면서 더 이상 말도 꺼내지 못하게 했다는 것이다. 그래서 나는 같은 대학을 다니는 좋은 선배에게 그 형제를 부탁했다. 그런데 계속해서 연락을 받지 않고, 겨우 연락이 되어도 더 이상 연락하지 말라는 말뿐이었다. 내가 학교까지 찾아가 직접 그 형제를 만났는데 대답이 너무 충격적이었다. "교회 가는 것이 정말 좋았던 자기에게, 부모님은 신앙보다 대학이 더 중요하다면서 고등부도 못 나가게 했다. 그런 신앙이라면 자신도 좀 더 세상을 즐기다가 나중에 교회 나와도 충분한 것 같다." 나는 할 말을 잃었다. 신앙의 우선순위를 살펴볼 일이다.

이러한 고민은 사실 어느 교회에서든 흔히 볼 수 있다. 리더 511명 중 모태신앙이 무려 68%가 넘는다. 한국교회의 역사가 130년이 넘어서면서 이제는 자신이 전도를 받아 신앙을 가지게 된 사람보다, 부모로부터 믿음을 이어받은 신앙의 2, 3세대들이 훨씬 더 많아졌음을 의미한다. 이는 자연적 성장이라는 측면에서 한국교회에 큰 축복임에 틀림이 없다.

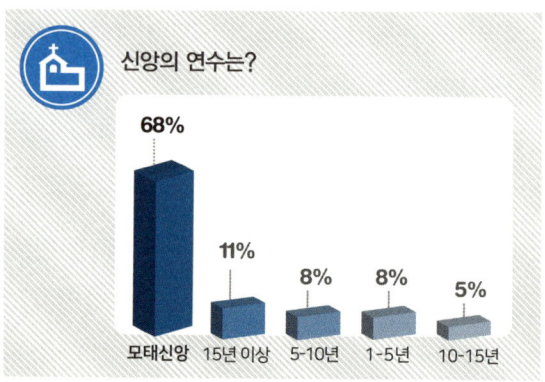

하지만 조금만 시선을 다르게 보면 이러한 현상은 오히려 한국교회에 또 다른 위기를 가져오는 요인이기도 하다. 태어나면서부터 집 못지않게 많은 시간을 보내는 곳이 이들에게는 교회다. 교회 문화에 누구보다 익숙하고, 성경에 대한 이야기도 너무나 많이 들었다. 그래서 교회 안에 머물러 있는 시간만큼 자신들의 믿음도 성장한 것으로 착각하게 되고, 주변에서도 그렇게 인정해준다. 그런데 이는 세상의 조그마한 풍랑에도 금세 무너질 모래 위의 집과 같다. 이들이 청소년기에 하나님을 인격적으로 만나지 못하고 예수 그리스도를 진정으로 구세주로 고백하지 못한다면, 부모의 영향에서 벗어나는 대학 진학 이후에는 세상으로 떠나버릴 확률이 너무나 높다.

더욱 심각한 것은 이들 중 상당수가 교회 안에서 상처를 받고, 말과 행동이 다른 어른들을 보며 교회를 떠나버린다는 것이다. 더구나 소극적으로 교회를 떠나는 것에 그치지 않고, 더 적극적으로는 안티 크리스천이 되어 한국교회를 향해 화살을 날리는 심각한 경우도 늘고 있다. 이처럼 한국교회가 교회 안에 있는 모태신앙인들을 어떻게 가르치고, 참된 믿음을 어떻게 심어줄 것이냐를 심각하게 고민하고 준비하지 않으면, 지금보다도 더 큰 위기가 올 수도 있음을 기억해야 할 것이다.

형제가
사라지고 있다

교회에 다닌 적이 없는 한 형제가 교제하는 자매의 인도를 받아 우리 대학부로 나왔다. 그런데 그 자매는 남자친구를 자신이 있는 대학4부로 등록시키지 않고, 그 당시 내가 맡은 대학3부에 등록시켰다. 혹 헤어질 경우 같은 대학부에 있으면 마음이 힘들 것 같아서 그랬다고 한다. 그러면서 나에게 이 형제가 정말 초신자이고, 예수님을 영접하여 믿음으로 성숙하도록 이끌어달라고 간절히 부탁했다. 그 형제는 여자친구가 자신을 정말 사랑한다면 자신이 믿는 하나님을 함께 믿고 한 신앙을 가져야 한다는 협박에 마지못해 교회에 나오게 되었다. 비록 여자친구의 손에 이끌려 교회에 나오게 되었지만, 그 형제는 대학부에서 믿음의 뿌리를 내리고 제자훈련까지 받게 되었다. 수양회, 농촌활동, 해외 단기선교 등을 참여하면서 누구보다 믿음직한 형제로 성장했다.

그 형제는 대학부가 너무 좋아 소그룹 리더를 하면서 더 오랫동안 섬기고 싶었는데 학군후보생이어서 장교로 입대해야 하기에 그럴 수 없는 상황이 되었다. 대학부에 계속 나오고 싶은 간절한 마음으로 기도하던 중 특전사를 지원하여 송파구 마천동으로 자대 배치를 받으면 주말에는 교회에 나올 수 있겠다는 목표를 가지게 되었다. 임관장교 중 한 해 7명만이 특전사로 배치되고, 그중에서도 서울로 오는 인원이 1명뿐이었음에도 오직 교회에 나오겠다는 목표 하나로 열심히 훈련을 받았다. 그 결과 서울로 배치되어 제대할 때까지 대학부를 섬겼다. 지금은 아름다운 가정을 세우고 미국에서 유학을 마치고 취업까지 하게 되어 이민교회의 큰 일꾼으로 섬기고 있다. 이 형제의 케이스를 통해 대학부 자매들이 자신들도 교제하던 남자친구들을 대학부에 데리고 와서 믿음을 갖게 하고 성장하게 한 후 가정을 세우는 경우가 늘어나고 있다.

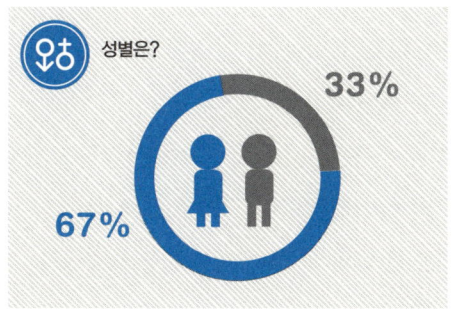

511명의 리더 중 여자는 67%, 남자는 33%로 정확히 2:1의 비율이었다. 한국교회의 성비가 여성이 월등하게 많다는 것을 수치로 확인한 셈이다. 청년사역자들이 볼 때 교회 안의 성비 불균형이 가져올 가장 큰 문제는 결혼이다. 이들 대부분은 짧게는 5년, 길게는 10년 이내에 믿음의 배우자를 만나 가정을 세워야 한다. 하지만 절반이 넘는 자매들이 교회 안에서 믿음의 배우자를 만나지 못하게 되고, 나이에 쫓겨 신앙이 없는 사람을 만나 감당키 어려운 시험에 놓이는 경우를 너무나 많이 지켜봤다. 어머니와 자녀들이 남편의 구원을 위해 간절히 기도하는 가정이 적지 않은데, 그 반대의 경우는 극히 드물다. 믿음의 형제 한 명으로 말미암아 그 가정 전체가 믿음의 가정이 되는 것이 너무나 명확하기에, 보다 적극적으로 교회가 형제를 전도하고 믿음을 성장시켜야 한다. 교회 안으로 더 많은 형제를 인도해 말씀으로 변화시켜야 한다. 그렇게 건강한 믿음의 가정을 세우는 것이 결혼무용론까지 나오고 있는 이 시대에 교회가 세상에 내어놓을 수 있는 최선의 해답이라 생각한다.

우리 대학부에서는 3년째 군선교에 주력하고 있다. Chapter 3에서 한 번 더 얘기하겠지만, 군선교를 통해 전역한 형제가 교회로 많이 나오고 있다. 또한 형제가 활동할 수 있는 장을 열어주기 위해 매년 부서별 축구대회, 농구대회를 개최하고 있다. 별 것

아닌 것 같지만 이러한 노력들로 인해 형제가 교회로 모이고 공동체에 잘 정착하게 된다. 특별히 청년사역에 있어 형제를 전도하고 미래 가정의 영적 가장으로 준비시키기 위해 한국교회가 더욱 고민해야 할 것이다.

강남 엘리트들만
모인다?

한 자매가 상담을 요청했다. 자신은 전문대를 다니는데, 우리 대학부에는 유명대학을 다니는 사람들이 너무 많아서 자신이 있을 곳이 아닌 것 같다는 것이다. 그 자매에게 우리 대학부를 섬기는 이들이 그런 경우가 많다 보니 그렇게 보일 뿐이고 실제로는 정말 다양하다고 얘기해줬지만 쉽게 마음이 열리지 않았다. 그 자매에게 그러면 누구든 우리 대학부에 부담 없이 들어올 수 있도록 네가 훈련도 받고 리더로 섬기면 많은 후배에게 위로가 되지 않겠냐고 권면했다. 그리고 그 자매와 같은 고민을 겪었던 신실한 리더를 붙여서 한 학기 동안 자신감을 심어주기 위해 세심히 배려했다. 그 자매는 후에 훈련을 받고 직장에 취업한 후에도 3년 넘게 리더로 섬기며 후배에게 좋은 신앙의 본이 되어주었다.

우리 교회 대학부에는 강남 출신, SKY출신들만 다닌다는 유언비어를 우리 교역자들도 자주 듣는다. 교회가 강남에 위치해 있기에 강남에 거주하는 청년이 많은 것은 당연하다. 하지만 우리 대학부 리더는 전국에서 모였고, 서울 경기 곳곳의 대학을 다니고 있다. 대학 진학 전에 거주하였던 곳이 지방인 리더도 40%나 된다.

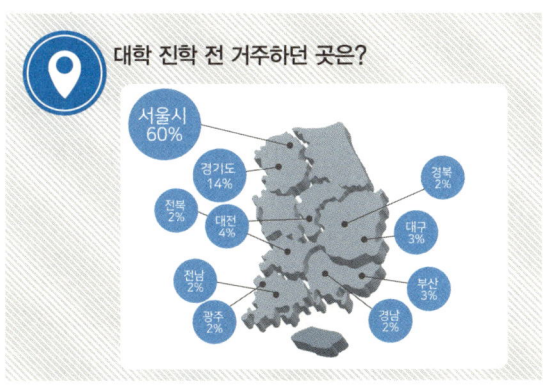

출신이 서울인 리더도 강남·서초 이외 출신이 절반이 넘었다. 대학부가 1부부터 8부까지 나뉘게 된 것도, 학교나 지역에 맞춰서 나눈 것이 아니라 보다 잘 양육하기 위해 나누었다. 규모가 커지면 한 교역자가 제대로 양육하기 어렵고 사각지대가 생겨날 수밖에 없어서 한 대학부가 출석인원이 400명이 넘으면 인위적으로 절반씩 두 개 부서로 분할하였다. 그렇게 성장해서 지금의 8개 부서로 존재하고 있다. 각 부서마다 선배들을 통해 내려오는 조금씩의 특징이 있지만, 모든 부서가 그 누구든 들어올 수 있는 하나의 조직이다.

교회는 누구나 올 수 있는 곳이 되어야 한다. 나에게 없는 것 때문에 세상이 그어 놓은 선을 넘어서지 못한다면, 그것이 바로 사탄이 가장 원하는 것이다. 학교나 외모 등으로 인해 자존감이 낮은 지체들이 있는데 시간이 지나고 말씀 안에서 본질을 발견하게 되면 이겨낼 수 있다. 그러니 이 단계에 이르기까지 교역자들이 세심히 살펴주어야 한다. 나 자신도 지방대를 나왔기에 서울에 처음 올라와서는 이러한 시선들을 의식하지 않을 수 없었다. 그러나 조금만 돌아보면 남에게는 없지만 나에게만 하나님께서 주신 은사가 있다. 이미 결정된 것 때문에 절망해서는 안 된다. 하나님께서 나에게만 주신 것, 그것을 더 잘 다듬고 가꾸어서 또 연약한 사람을 섬기는 것, 그것을 위해 청년사역자가 더욱 세심히 살펴준다면 청년에게서 놀랍게 변화되는 모습을 분명히 발견할 수 있을 것이다.

골든타임,
1학년에 승부를 걸라!

1학년 한 자매가 매우 어렵게 비밀 상담을 요청했다. 상담 내내 고개를 들지 못하고 펑펑 눈물만 쏟았는데, 알고 보니 1학년 초부터 학교에서 선교단체 형제와 교제를 시작했던 것이다. 우리 대학부에서는 신입생 때는 이성교제를 강하게 금하고 있는데, 교역자와 리더 몰래 이성교제를 시작했던 것이다. 상대 형제는 학교에서 누구보다 이미지가 좋았고, 더군다나 신학생이었다고 한다. 그러나 자매가 그 형제의 안과 밖의 모습이 너무도 다르다는 것을 깨닫기까지 그리 많은 시간이 걸리지 않았다. 많은 사람들과 함께 있기보다는 단 둘이 있는 것을 좋아했고, 심지어 술도 먹고 자취방으로 데려가 성관계까지 강요했다. 드라마나 영화에 나오는 캠퍼스의 낭만은 없었다. 섣부른 교제가 돌이킬 수 없는 상처로 남았다.

   말씀으로 그 자매를 잘 위로하고 이제부터는 정말 좋은 사람을 만날 수 있도록 본인이 더 성숙해지기를 힘쓰자고 권면했다. 그 이후에도 자매를 좋아하는 형제가 많았지만, 자신도 모르게 남자에 대한 자기방어가 강해져 좋은 사람을 거듭 놓치는 안타까운 모습이 지금도 기억에 있다. 인격이 형성되고 가치관이 자리 잡을 1학년 때 무엇을 듣고, 무엇을 보고, 무엇을 깨달아야 하는지가 얼마나 중요한지를 말해주고 있다.

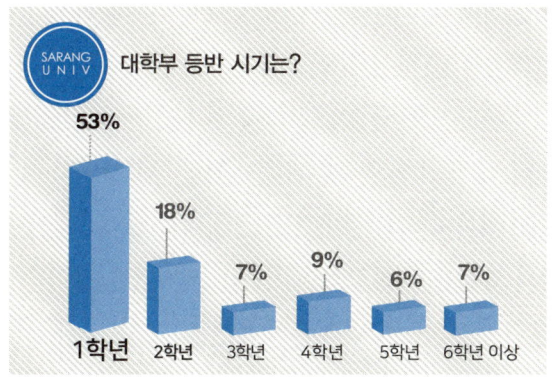

대학부에 처음 오면 새가족반에서 4주간 복음을 듣고 확신을 가지게 한다. 이 기간을 마치면 등반을 하게 되고, 비로소 각 소그룹에 들어가게 된다. 대학부에 등반한 시기가 언제인가에 대해 무려 1학년 때가 53%, 2학년까지 포함하면 71%에 이른다. 물론 고등부를 졸업하고 올라오는 대학생이 많으니 1학년 때 등반한 비율이 높을 수밖에 없다. 그것을 감안해도 3학년 이상의 비율이 30%도 되지 않는다는 것은 의미하는 바가 분명히 있다.

대학부 사역자 출신인 담임목사님께서 우리 대학부 교역자들에게 자주 하시는 말씀이 있다. 저학년 때 훈련받아야 제대로 훈련받고 진정으로 변화된다는 것이다. 20대 중반만 넘어가도 머리가 굵어져서 변화되기 쉽지 않기에 대학부가 중요하다는 말씀을 몇 번이나 하셨다. 한국사회는 모든 교육이 대학입시에 초점을 맞추고 있어서 청소년기에 제대로 가치관이 형성되기가 어렵다. 대학 진학 후 주어지는 엄청난 자유를 제대로 준비하지 못하고 맞아야 하는 것이 오늘날의 대학 신입생들이다. 이때 하나님의 말씀으로 성경적 가치관과 세계관을 심어주지 못하면, 세상이 강요하는 극단적인 가치관에 물들고 만다.

우리 대학부에서는 이러한 신입생들이 교회 울타리를 벗어나지 않고 잘 적응할 수 있도록 새돌(SEDOL: SEeD Of Lord)이라는 양육시스템을 16년 전부터 시행하고 있다. 각 대학부에서 양육에 가장 탁월한 남자, 여자 리더를 한 명씩 미리 세워서, 11월부터 고등부에 들어가 예비 신입생들과 관계를 만들어간다. 그래서 각 대학부에 적응하는 것을 돕고, 동기들과 깊은 교제를 이어갈 수 있도록 면밀하게 준비한다. 각 신입생들이 속한 소그룹 리더와도 연계해서 한 명 한 명의 상황을 세심하게 체크하고 양육한다. 이렇게 새돌 리더를 중심으로 신입생들은 1학기에는 세상보다 더 재미있는 곳이 교회라는 모토 아래 밤을 새며 교제하고 동역자 관계를 만들어간다. 또한 술, 이성교제, 성, 이단 등의 주제를 가지고 캠퍼스에서 기독청년의 정체성을 지킬 수 있도록 성경적 가치관을 세워주는 새돌 스쿨도 진행한다. 2학기에는 제자훈련의 전 단계인 제자학교를 통해 보다 더 깊이 교육받는 데 집중한다.

대학부 사역의 가장 큰 매력은 말씀을 가르치고 전할 때 청년들이 마치 스펀지처럼 흡수하는 것이 눈에 보인다는 것이다. 그래서 1,2학년 때 훈련을 받고 성장하는 것이 정말 중요하다. 3,4학년만 되어도 진로와 취업에 대한 부담으로 훈련받는 데 쉽게 용기를 내지 못하기 때문이다. 청년사역, 특별히 대학부 사역에서 1,2학년들에게 승부를 걸어야 함이 더욱 분명해진다.

대학부에
웬 직장인?

기억에 남는 한 자매가 있다. 국어교육학을 전공하는 자매인데, 일찍이 국어교사가 되겠다는 소명을 가지고 있었다. 대학 4학년 때 서울시 중등교사 임용고시에 응시했는데 그만 불합격하고 말았다. 신앙만큼이나 실력도 좋은 자매였기에 나도 너무 안타까웠다. 그 자매가 찾아와 이제 고향인 부산에 내려가서 다시 임용고시를 준비하겠다고 했고, 나도 아쉽지만 꼭 빨리 합격해서 다시 대학부에서 함께 섬기자고 얘기하며 기도해주었다.

그런데 그 자매가 생각보다 일찍 서울로 올라왔다. 그 이유를 들어보니, 자신이 없을 때 대학부에 너무 큰 부흥이 일어날 것 같아서, 그 부흥의 현장에 자기만 없으면 너무 억울할 것 같아서 일찍 올라왔다는 것이다. 노량진에서 공부하면서 주말에는 다시 대학부에서 열심히 리더로 섬겼다. 절대적 준비 시간이 필요한 시험인데 이 자매는 한결같이 리더의 자리를 지켰다. 그리고 당당히 서울시 중등교사 임용고시에 합격하여 한 실업계 고등학교로 부임하였다. 이렇게 시험에 합격하니 그 자매가 앞으로 좀 더 리더로 섬길 수 있을 것 같아 내가 가장 기뻤다.

그런데 불과 두 달 만에 그 자매가 대학부를 졸업하겠다고 찾아왔다. 학생들과 성경공부를 시작했다는 것이다. 처음에는 학생들이 너무 거칠어서 무서웠는데 다른 아이들처럼 부모의 지원을 제대로 받을 기회가 없었을 뿐이지 순수한 아이들임을 알게 되었다고 했다. 대학부는 섬길 수많은 리더가 있지만, 이 아이들에게는 자신밖에 없다면서 이들을 더 열심히 섬기기 위해 졸업하고 싶다는 것이었다.

그 자매의 말을 들으면서 내 자신이 얼마나 부끄러웠는지 모른다. 나에게는 언제 저런 열정이 있었던가? 목회자인 내가 25살 자매에게 한 방 먹은 셈이었다. 지금도 그 자매는 부임하는 학교마다 학생들을 모아서 성경공부를 하고 있다.

우리 대학부에는 다른 교회와 비교해 없는 것이 두 가지가 있다. 먼저는 임원이 없다. 또 한 가지는 교사가 없다. 교회들마다 있는 회장, 부회장, 총무, 서기, 회계 같은 직책은 없지만 리더가 그 역할을 한다. 제자훈련을 받은 소그룹 리더가 대학부의 방향을 위해 의견을 내고, 그것이 신학적으로나 목회적으로 어긋나지 않으면 교역자들이 믿고 지지해준다. 그렇게 자발적인 리더가 주도하며 섬겨온 것 위에 오늘의 대학부가 존재한다. 한두 사람에게 의지하는 것이 아니라, 훈련받은 리더가 동등한 위치에서 함께 고민하며 기도하고 이끌어가고 있다.

그래서 대학부에는 교사도 없다. 담당교역자 한 명과 담당 장로님 한 분이 전부다. 리더가 소그룹을 담당하여 말씀으로 조원들을 양육하고 책임진다. 모두가 동등하기에 어느 한 사람에게 의지하지 않게 되고, 돌아가며 섬길 수 있기에 소외되는 사람도 없는 것이 우리 대학부 시스템의 강점이라고 생각한다. 다른 교회에서 이러한 시도를 하기 위해 틀을 깨는 것이 처음에는 어렵겠지만, 장기적으로는 공동체가 사람에 따라 쉽게 흔들리지 않는 장점이 있기에 충분히 시도할 가치가 있다고 확신한다.

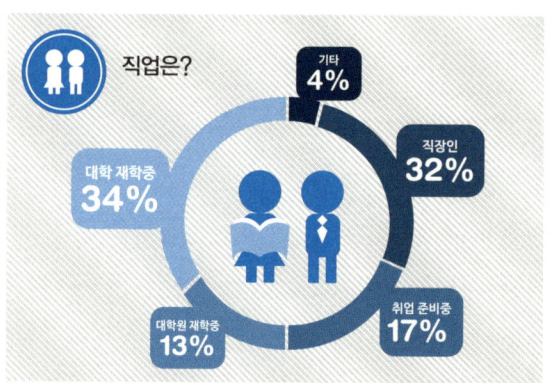

이런 대학부 리더 중에는 대학생이 34%, 대학원생이 13%, 취업준비생이 17%였고, 직장인도 32%로 조사되었다. 대학생 때 제자훈련을 받고 리더로 섬기는 대학생이 주를 이루고, 대학을 졸업하고 직장에 취업한 후에도 본인이 더 섬기고 싶어서 1,2년 더 섬기는 리더가 적지 않다. 한 가지 눈에 띄는 것은 대학원생과 취업준비생들의 비율이 높아진다는 점이다. 대학을 졸업해도 그동안 공부하고 준비한 것을 펼칠 수 있는 곳이 갈수록 줄어들고 있다는 시대적 현실이 반영되었다.

그래도 오히려 더 감사한 것은 취업을 위해 자격증과 시험 준비에 쏟을 시간도 부족하지만, 여전히 영혼을 섬기는 리더의 자리를 놓지 않는 이가 적지 않다는 것이다. 말씀훈련을 통해 제자로 부르신 그 소명을 깨달은 수많은 리더가 취업이라는 두려움 앞에서도 여전히 영혼을 섬기는 리더의 자리를 지켜내고 있다. 이렇게 헌신된 수많은 리더와 동역한다는 것이 너무 행복하고, 이들이 한국교회의 든든한 버팀목으로 자라날 것이기에 암울한 현실에서도 조금은 마음이 놓인다.

대학부에 왜 왔어?

다른 교회에서 신앙생활을 하던 한 형제가 친구를 따라 우리 대학부로 오게 되었다. 잠시도 가만히 있지 못하고 무엇이든지 하려고 달려드는, 에너지가 넘치는 형제였다. 그래서 사역팀마다 들어가고 싶어하고, 학년모임 등에서도 학년장보다 자신이 자꾸 주도하려는 모습이 보여 계속 주의 깊게 지켜보았다. 2학년들을 대상으로 행정팀을 뽑을 때에 이 형제가 지원했다. 그런데 이 형제가 지금 섬기는 것보다는 훈련을 먼저 받는 것이 좋을 것 같아 행정팀에서 떨어뜨렸다. 지금의 상태에서 행정팀을 섬기면 분명 다른 팀원들과 충돌하고 갈등이 생길 것이 뻔히 보였기 때문이다.

이 형제는 나에게 말은 못하고 자신이 왜 떨어졌는지 리더에게 묻고 다녔다. 그래서 나는 그 형제를 불러 "너는 정말 열정이 넘치는 은사를 가지고 있다. 하지만 하나님의 은혜와 사랑을 더 깊이 깨닫지 못하고 섬기다 보면 금방 지치고 말 거다. 그래서 제자훈련을 먼저 받고 더 성숙해지면 그때는 무엇이든 열심히 섬겨라"고 얘기해주었다. 한동안 나를 원망하는 눈빛이었지만, 훈련을 통해 모난 부분들이 깎이고 남을 배려하고 이해하는 모습이 눈에 띄게 좋아졌다. 정말 좋은 자질을 가진 형제가 훈련을 통해 하나님의 사랑을 체험하게 되면서 섬김의 동기도 더욱 확실해졌다. 그 형제는 이후 대학부에서 가장 낮은 곳, 남들이 쉽게 하지 못하는 자리마다 앞장서 섬겼고, 후배에게도 가장 많은 도전을 주었다.

SARANG UNIV 대학부에 오게 된 계기는?

1위	고3부를 졸업해서 (31%)
2위	서울로 진학해서 (20%)
3위	기존 교회에 한계를 느껴서 (17%)
4위	전도를 받아 (13%)
5위	지인의 소개로 (11%)
6위	기타 (8%)

어떻게 사랑의교회 대학부에 오게 되었는지를 조사해보았다. 31%는 우리 교회 고등부를 졸업하여 올라왔고, 20%는 지방에서 서울로 대학을 진학하면서 오게 되었다. 전도를 받아 오

게 된 리더도 13%이고, 지인들의 소개도 11%였다. 그런데 기존 교회에 한계를 느껴서 옮겨온 리더가 17%나 되었다. 절대로 우리 교회가 다른 교회보다 잘한다고 자랑하려는 것이 아니다. 이어서 그들에게 대학부에 오면서 가장 기대한 것이 무엇이냐고 질문했는데, 절반이 넘는 리더가 훈련을 통해 영적 성장을 하고 싶다고 대답했다.

대학부에 가장 기대한 것은?

1위	훈련을 통한 영적 성장 (51%)
2위	많은 사람과의 교제 (20%)
3위	예배를 통한 구원의 감격 회복 (15%)
4위	기타 (8%)
5위	다양한 사역에 참여 (6%)

기성세대가 예상하는 것보다 이 땅의 청년은 더 성장하고 싶고, 더 말씀을 알고 싶고, 더 성숙해지기를 사모하고 있다. 그러나 나의 경우에도 고등부를 졸업하자마자 마치 기다렸다는 듯이 주일학교 교사, 성가대원, 청년부 임원, 찬양팀으로 섬기

기를 강요받았다. 그나마 대학에서 SFC 선교단체를 통해 양육받을 수 있었고, 영적 교제를 누릴 수 있어서 다행이었다. 하지만 지금도 수많은 크리스천 대학생이 영적으로 성장해야 할 결정적 시기에 이런 저런 사역으로 내몰리고 있다. 그러다가 조금만 지쳐도 은혜 없다는 소리를 듣게 되어 교회를 떠나는 청년이 계속 생겨나고 있다.

사랑의교회 대학부에는 많은 섬김의 자리가 있다. 8개 부서마다 찬양팀, 영상팀, 행정팀, 중보기도팀, 국내외선교팀, 통일선교팀, 군선교팀, 사회봉사팀 등 섬김의 자리가 너무 많다. 그런데 우리 대학부는 새롭게 등록한 지체들에게 적어도 1년간은 아무 팀에도 들어가지 못하게 한다. 오직 소그룹과 학년모임, 제자학교 등을 제외하고는 본인이 강력히 요청하지 않는 이상 절대 권유하지 않는 것이 원칙이다. 그 이유는 섬김의 동기가 날 위해 죽으신 예수 그리스도의 은혜와 사랑에 있음을 깨닫는 것이 우선이기 때문이다. 인정받고 싶어서, 자신의 재능을 드러내고 싶어서, 좋아하는 이성에게 주목을 받고 싶어서, 이런 저런 순순하지 못한 동기로 섬기게 되면 언제든 금방 지치고 공동체에도 좋지 못한 영향을 주기 때문이다.

그래서 제자훈련을 통해 먼저 성장하고 성숙해지기를 기다려준다. 훈련을 통해 그리스도의 은혜를 체험한 사람은 섬기라고 하지 않아도 자신이 먼저 자발적으로 섬김의 자리를 찾아가기 마련이다. 우리 대학부가 이러한 원칙을 세울 수 있었던 것은 대학부 사역자 출신인 담임목사님의 배려가 있었기 때문이다. 준비되지 않은 채 사역에 내몰리다가 상처받고 떠나온 청년들을 우리는 너무 많이 봐왔다. 그래서 조금만 기다려주고 제대로 훈련받게 되면, 자발적으로 섬기게 된다는 것을 누구보다 잘 아시는 담임목사님의 배려 속에 그동안 대학부가 훈련에 집중할 수 있었던 것이다.

무엇이 나를
성장하게 하는가?

사랑의교회에 대학부에는 한 번에 다 말하지 못할 만큼 정말 많은 사역과 훈련이 있다. 30년 넘게 청년들의 영적 성장에 도움이 되는 것들이 하나둘씩 생겨난 것이 지금의 대학부다. 이것들 가운데 대학부 리더가 영적 성장에 가장 영향을 받은 것이 무엇인가를 물어볼 필요가 있다. 가장 많은 선택을 받은 것들이 오늘의 대학부를 세운 토대일 것이고, 앞으로도 흔들림 없이 붙잡아야 할 청년사역의 핵심일 것이다.

단 한 가지만이 영적 성장에 도움을 주었다고 볼 수 없기에 복수로 응답하게 하였다. 386명의 리더가 제자훈련이라고 답하였다. 이어서 수양회가 267명, 리더훈련이 222명, 사역팀이 176명, 대학부예배가 164명, 단기선교가 152명, 소그룹 성경공부가 146명, 학년모임이 111명 순으로 나타났다.

대학부 리더이기에 제자훈련이 가장 많은 응답을 받은 것은 그리 놀라운 것이 아니다. 제자훈련에 대해서는 앞으로 더 많은

	영적 성장에 가장 도움이 된 것은(복수응답)?		
386명	제자훈련	146명	GBS
267명	수양회	111명	학년모임
222명	리더훈련	82명	농촌활동
176명	사역팀	46명	아카데미
164명	예배	37명	제자학교
152명	해외 단기선교		

부분들을 확인해나갈 것이다. 이어서 수양회가 응답되었는데, 이는 수양회가 한국교회 청년사역의 중요한 핵심 사역임을 보여준다. 리더훈련은 제자훈련을 마친 리더가 매주 토요일 오후에 모여 소그룹 성경공부(GBS)를 위해 준비하고 훈련하는 과정이다. 대학부 리더라면 모두가 참석해야 하는 사역훈련의 과정이라고 보면 된다.

이러한 응답들을 정리해보면, 오늘날의 크리스천 청년들은 제자훈련, 수양회, 리더훈련 등을 통해 끊임없이 말씀을 배우고 그 말씀대로 살기를 간절히 원하고 있다. 대부분의 대학생이 지극히 개인주의적이고 자기중심적인 삶을 추구한다. 하지만 하나님의 은혜를 깨닫고 자신이 누구인지를 발견하게 되면, 누구보다 하나님을 더 알아가고 앞으로 어떻게 살아가야 할 것인가를 더욱 고민한다. 그래서 앞으로도 이러한 크리스천 청년들을 더욱 말씀으로 무장시키고, 이 땅에 하나님 나라를 확장시킬 강력한 군사들로 준비시켜야 할 것이다.

chapter 2

제자훈련, 오직 한 길을 걷다

사랑의교회 대학부를 한 번에 설명하는 것은 쉽지 않다. 그리고 제자훈련을 빼놓고는 설명하기가 불가능하다. 1979년 사랑의교회 대학부가 처음 생겨날 때부터 제자훈련이라는 토대 위에 오늘의 대학부가 세워졌다. 사실 청년사역의 중심축은 늘 캠퍼스 선교단체에 있었다. 캠퍼스 선교단체들은 제자훈련을 통해 헌신된 크리스천 청년을 수없이 배출해냈고, 그들은 지금 한국교회를 이끄는 주역이 되었다. 사랑의교회 대학부는 선교단체의 전유물이었던 제자훈련을 교회 안으로 가져와, 청년사역의 토대로 삼은 모델이다. 하지만 이러한 주장도 목회자나 교회의 지극히 주관적인 주장으로 보일 수 있다. 그래서 제자훈련을 받고 대학부 사역을 주도하고 있는 소그룹 리더의 객관적인 평가를 살펴볼 필요가 있다. 그들의 평가를 통해 과연 제자훈련이 청년사역의 본질이 될 수 있는가를 검증해 보아야 할 것이다.

정말
도움이 되었어?

제자훈련을 받으면 모두가 1년이 지나고 엄청난 성장을 이룰 것이라는 막연한 기대를 가지고 있다. 2004년부터 제자훈련을 인도해왔던 내 기억을 돌아보면, 모두가 똑같지는 않았음을 고백한다. 물론 우리 교역자들은 예수님에게도 가룟 유다와 같은 제자가 있었다면서 100% 훌륭한 제자를 만들겠다는 생각은 교만한 것이라며 스스로를 위로한다. 그러나 한 영혼이라도 포기하고 싶은 목회자가 있겠는가? 12명 모두가 1년 전보다 부쩍 성장하기를 기대하지 않는 목회자가 어디 있겠는가? 15년 동안 제자훈련을 인도하면서 얻은 결론이 있다. 제자훈련이 만능은 아니라는 것이다. 제자훈련은 12명을 똑같은 기성복으로 만들어내는 공장이 아니다. 한 영혼 영혼마다 하나님께서 특별한 모습으로 지으셨기에, 그들에게 하나의 틀을 강요해서는 더욱 안 된다. 조금 뒤처진 지체들을 함께 끌어주고, 조금 더디게 가더라도 기다려주며 길을 가는 것이 제자훈련이다. 목회자가 너무 조급해지거나 자신이 만든 목표에 모두 맞추려고 할 때 어김없이 낙오자가 나올 수밖에 없음을 늘 경계해야 한다. 나의 제자를 만드는 것이 아니라 예수 그리스도의 제자를 만드는 것이다. 내가 다 할 수 없다. 그리고 하나님의 때가 있다. 1년이 아니라 그 이상을 바라보며 다시 한번 숨을 고르는 것이 늘 필요할 것이다.

그래서 리더에게 단도직입적으로 물었다. 제자훈련이 자신의 영적 성장에 도움이 되었는가? 88%가 그렇다고 대답하였다. 매우 높은 수치이지만, 그렇지 않다는 2%도 결코 놓쳐서는 안 된다. 많은 사람이 모일수록 관심과 필요가 다양해지기 마련이다. 그래서 제자훈련만이 청년들의 영적 성장을 위한 유일한 도구라고 단언할 수는 없지만, 또한 제자훈련이 영적 성장의 중요한 도구임에는 틀림없다.

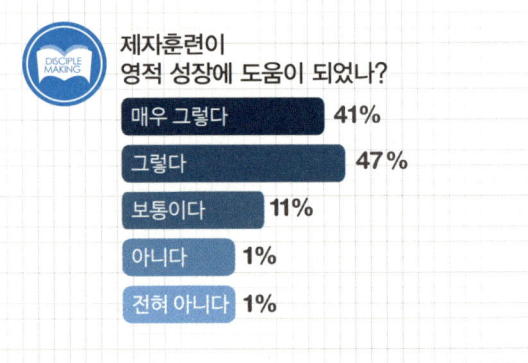

제자훈련,
왜 지원했어?

매 주일마다 대학부를 방문하는 새가족들이 있다. 학기가 시작될 때면 가장 많은 새가족이 오기에 한 명 한 명 꼼꼼히 살피기가 어렵다. 그런데 유독 눈에 띄는 한 자매가 있었다. 키도 크고 외모도 티비에서나 볼 수 있을 정도로 아름다운 자매였다. 괜히 아는 척하면 예쁜 사람만 편애한다는 얘기를 들을 것 같아서 오히려 그 자매가 섭섭해할 정도로 모른 척했다. 그러던 중 1년이 지나고 그 자매가 제자훈련에 지원하여 제자반 인터뷰를 하게 되었다. 대학에서 연극영화를 전공하면서 이미 지상파 방송국 공채탤런트로 활동하고 있다고 한다. 조연으로 영화에 출연하기도 했다. 어떻게 우리 대학부로 오게 되었냐는 질문에 자신은 모태신앙인데 대학을 들어가면서부터 교회를 거의 나가지 못했다고 한다. 탤런트가 되면서 신앙을 지키기는 더욱 어려웠고, 연예기획사 제의가 있을 때마다 감당키 어려운 유혹이 거듭되었다고 한다. 그토록 원했던 연기자의 꿈을 드디어 이룬 것 같았지만 신앙과 함께 가기에는 너무 버겁다는 것을 늦게나마 깨달았다. 그래서 다시 믿음을 회복하고 영적으로 성장하고 싶어서 대학부로 오게 되었다는 것이다. 제자훈련도 리더의 권유가 있었지만, 자신이 처음 대학부에 올 때부터 훈련받고 싶어서 본인의 의지로 지원하였다는 것이다.

이후 자매는 누구보다 열심히 제자훈련을 받았다. 훈련생 중 나이도 가장 맏언니여서 자연스럽게 동생들을 보듬으면서 1년 동안 한 명의 낙오자도 없이 제자반 모두 소그룹 리더로 서임하였다. 전도에도 열심이어서 많은 대학교 과후배를 대학부로 데려왔다. 연기 지망생들만으로도 소그룹을 만들 수 있을 정도였다. 비록 연기자의 길은 잠시 내려놓았지만, 더 방황하지 않고 믿음의 길을 가는 것에 조금의 후회도 없다고 했다. 훗날 기회가 된다면 연예인들을 전도하고 세상의 유혹으로부터 지켜줄 수 있는 울타리가 되고 싶다고 했다. 지금은 같은 대학부에서 멋진 형제를 만나서 가정을 세우고 독일에서 공부를 이어가고 있다.

리더에게 제자훈련에 지원하게 된 동기가 무엇인지 물었다. 무려 60%가 본인이 자원하여 훈련을 받았고, 35%는 먼저 훈련을 받은 지체들의 권유로 받게 되었다.

갈수록 청년들을 교회 안에 머무르게 하기가 어려운 시대다.

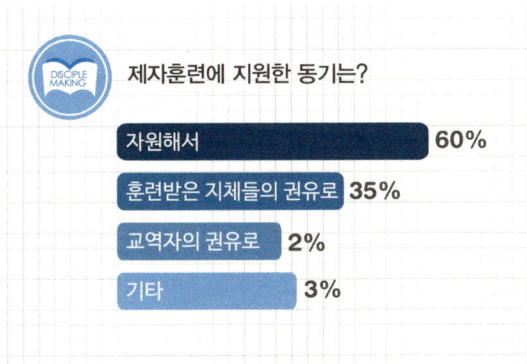

원로목사님께서 교역자들에게 수시로 하신 말씀이 있다. "나는 참 좋은 시대에 목회했는데, 너희들은 갈수록 목회하기 힘든 시대를 맞을 것을 생각하니 너희를 볼 때마다 참 안타깝다."

처음에는 무슨 말인지 몰랐는데, 지금 청년사역에서 그 말을 실감하고 있다. 10년 전만 해도 대학생 사역에서 군대, 이성교제를 빼면 별다른 변수가 없었다. 그러나 요즘은 취업이 가장 큰 변수이고, 그것 때문에 유발되는 어학연수, 교환학생, 인턴, 계절학기 등 신앙에 집중할 수 없도록 방해하는 요소가 너무 많다. 그럼에도 불구하고 대부분의 크리스천 청년들은 하나님의 말씀으로 훈련받고 영적으로 성장하기를 소망하고 있다. 60%의 수치가 그것을 분명히 말해주고 있다. 또한 먼저 훈련받은 지체들이 적극적으로 다른 지체들에게 훈련받기를 권유하고 있는 것을 볼 수 있다. 본인이 훈련을 통해 영적으로 많은 성장을 이루었고, 그래서 그 확신을 가지고 자발적으로 다른 지체들에게 훈련을 권유하는 선순환이 일어나고 있는 것이다.

부서가 막 분할하고 난 이후여서 소그룹 리더가 계속 부족했다. 리더를 충원하기 위해서는 제자훈련에 지원하는 지체들이 많아야 하는데, 부서 분할로 인원이 절반으로 줄어들었으니 자연히 지원자도 적을 수밖에 없었다. 부서 분할 후 1년이 지나고 제자훈련 신청을 받았다. 많아야 2반 정도를 만들 수 있겠다고 생각했는데, 신청을 마감해 보니 지원자가 무려 80명이 넘었다. 부득이하게 제자훈련의 선이수 과정인 제자학교 A,B과정 중 하나라도 수료하지 못한 지체들을 떨어뜨렸음에도 50명이 넘는 지원자들이 제자훈련에 들어오게 되었다. 지난 학기부터 시작한 제자반이 2개가 있었기에, 일주일에 무려 6개의 제자반을 나 혼자서 인도하게 되었다. 화요일 저녁, 수요일 오후, 수요일 저녁, 목요일 저녁, 금요일 오후, 토요일 오전까지 거의 매일 제자반이 이어졌다. 과제물을 겨우 점검하고 허겁지겁 제자반에 들어가는 것이 하루의 일과였다.

자연히 집은 잠만 자는 곳이 되었다. 이제 막 돌이 지난 아들을 안으면 내가 너무 낯설은지 울음을 터뜨리기 일쑤였다. 참다 못한 아내가 담임목사님을 찾아가 남편을 말려 달라고 애원하였고, 결국 나는 담임목사님에게 불려가 꾸중을 들어야 했다. 이민교회에서 나처럼 제자반을 6개씩 하다가 죽을 고비를 넘기셨던 담임목사님께서 목회 1년 하다가 그만둘 것이냐면서 가정부터 챙기라고 혼을 내셨다.

그래도 지금 그때를 생각하면 아직도 가슴이 뛴다. 지원자들과 인터뷰를 할 때마다 왜 제자훈련에 지원했냐고 물으면 모두가 하나같이 먼저 훈련받은 리더나 친구들이 너무 좋다고 추천해서 지원하게 되었다고 대답했다. 그냥 함께 있는 시간이 좋았다. 함께 찬양하고 기도하고 말씀의 의미를 구하고 또 그 말씀 앞에 우리를 돌아보는 시간이 너무 행복했다. 내가 인도자가 아니라 우리 모두가 훈련생이었고 예수님이 인도하셨다. 그렇게 제자훈련을 수료한 지체들이 자신만 이 기쁨을 누릴 수 없어 강권하듯이 제자훈련을 추천한 것이다.

리더에게 다른 지체들에게도 제자훈련 받기를 추천하겠느냐고 물었다. 94%가 그렇다고 대답했다. 1년이라는 시간을 제자훈련에 투자한다는 것은 결코 쉽지 않은 결단이다. 취업이라는 치열한 레이스에서 잠시 내려와, 학업 이외에는 다 포기하고 제자훈련에 집중해야 한다. 그러나 자신들이 포기하는 것보다 1년이라는 시간이 지나고 나서 얻게 되는 그 열매가 훨씬 가치 있다는 것을 제자훈련을 통해 깨달은 것이다. 그래서 그 리더가 더 적극적으로 후배와 동기들에게 제자훈련을 추천하고 있다.

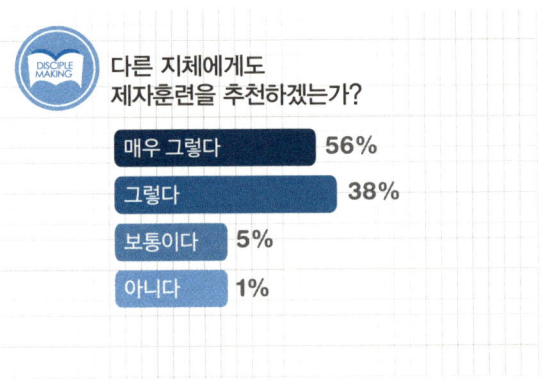

제자훈련을 추천하지 않겠다는 의견도 1%(4명)가 있었다. 익명의 조사였기에 직접 의견을 들을 수는 없었다. 다만 훈련의 과정이 결코 만만하지 않기에 준비되지 않은 친구나 후배에게 섣불리 추천하는 것은 아니라고 생각하는 리더인 것 같다. 각자의 형편과 상황에 따라 가장 적절한 훈련의 시기가 있기 때문이다.

한 교회에서 제자훈련을 도입하는 것이 쉽지 않다. 한 명 한 명 붙잡고 훈련의 필요성을 설득해 훈련에 들어오게 하는 과정이 어려울 수밖에 없다. 하지만 눈물을 흘리며 씨를 뿌리는 자는 반드시 기쁨으로 단을 거둘 것이다. 그 한 명의 모델이 나오면, 그래서 첫 열매가 맺어지면 금방 수많은 열매가 맺힐 것이 너무나 분명하다.

제자훈련을
들여다보다

사랑의교회 대학부에서 처음 제자훈련을 인도하게 되었을 때다. 12명의 훈련생과 매주 수요일 저녁에 모였다. 그중 유독 눈에 띄는 한 형제가 있었다. 훈련을 받는 자세도 매우 불량했고, 느닷없이 하나님에 대한 불신을 표출하며 거칠게 질문을 던지곤 했다. 과연 구원의 확신이 있는 형제일까 하는 의구심이 들 정도였다. 개인적인 교제에서도 쉽게 마음을 열지 않았다.

하지만 곧 그 형제의 행동을 이해하게 되었다. 그 형제가 중학생일 때 어머니께서 소천하셨다. 누구보다 신앙이 깊으신 어머니셨기에 하나님에 대한 불신과 원망이 이 형제에게 커졌던 것이다. 그래도 어머니가 그토록 좋아했던 교회를 차마 떠나지는 못 했고, 선배들의 관심과 사랑으로 대학부에 오게 되었다. 나중에 알게 되었지만, 제자훈련도 하나님께서 자신을 설득시키지 못하면 이제는 교회를 떠나겠다는 심정으로 신청했다고 했다.

제자훈련이 시작되고 2달이 채 지나지 않았을 때, 이 형제에게 큰 고난이 닥쳤다. 어머니만큼 의지했던 여자친구에게 이별을 통보받은 것이다. 유일하게 의지했던 사람을 아직 준비되지 않은 상태에서 떠나보내게 된 이 형제가 어떤 행동을 할지 몰라 모든 훈련생이 노심초사했다. 혹 극단적인 행동을 할까 봐 매일같이 훈련생들이 이 형제를 돌아가며 만나서 위로하고, 모든 훈련생이 한마음으로 기도했다. 세상에 혼자뿐인 것 같았던 이 형제는 훈련생들의 진심어린 눈물과 사랑에 비로소 마음이 녹아내렸다. 그들에게서 예수님을 보게 되었고, 철옹성 같았던 형제의 마음도 마침내 열리게 되었다. 그 이후에 누구보다도 훈련에 열심이었고, 제자훈련으로 모일 때마다 모두가 하나님의 강력한 임재를 경험하는 한 해가 되었다.

그 형제는 제자훈련을 마치고 리더가 되어 자신처럼 어려운 상황에 있는 조원들이 하나님을 만나도록 인도하고 영적 변화로 이끌었다. 대학을 마치고 더 대학부를 섬기고 싶어 학사장교로 해병대를 지원하였고, 김포에 배치되어 리더로서의 섬김을 더 이어나가기도 했다. 더욱 감사한 것은 같은 제자훈련 동기생과 교제를 하여 아름다운 믿음의 가정을 세웠고, 신대원에 진학하여 곧 목사안수를 받을 예정이다. 제자훈련이 머리로만 그쳐서는 안 된다. 한 공동체가 된 훈련생들 간의 긴밀한 영적 교제가 이루어질 때 더 큰 영향력이 나타난다. 그러기 위해서는 서로 가장 깊은 것까지 오픈할 수 있어야 하고, 서로가 서로에게 평생의 동역자가 되어줄 수 있어야 한다. 머리와 가슴, 손과 발까지 지정의(知情意) 모든 요소가 깨어질 때 진정한 변화와 성장도 따라 오게 된다.

제자훈련이라고 하면 흔히들 제자훈련 교재를 많이 생각한다. 제자훈련을 받은 지체들에게 제자훈련의 어느 부분에서 영적 성장에 가장 도움을 받았는지 물어보았다. 오랜 시간 다듬어진 대학부의 제자훈련은 많은 요소가 서로 밀접하게 영향을 미치고 있기 때문이다. 놀랍게도 '교재 내용'보다 '훈련생 간의 교제'와 '개인 경건을 위한 생활숙제'를 더 많이 꼽았다. 그중에서도 '훈련생 간의 교제'가 제일 높은 것으로 조사되었다.

제자훈련 중 영적 성장에 가장 도움이 된 것은(복수응답)?

310명	훈련생 간의 교제	118명	암송
260명	생활 숙제	92명	교역자의 인격
218명	교재 내용	49명	찬양
145명	독서 과제	28명	기타
141명	기도		

제자훈련은 한 교역자와 10명 내외의 훈련생이 1년 동안 함께한다. 그래서 그 10명 내외의 훈련생이 서로 주고받는 영향력이 매우 크다. 나는 인터뷰를 할 때마다 학생들에게 꼭 당부하는 것이 있다. 제자훈련의 비중에 대해 교재 내용이 3분의 1, 훈련생 간 교제가 3분의 1, 나머지는 기도와 말씀으로 진행되는 개인 경건이라고 말한다. 교재를 통해서는 지적인 깨달음이 일어난다. 훈련생 간의 교제를 통해서는 서로 자극도 주고 도전도 받으며 함께 성장을 이루어간다. 혼자서는 쉽게 넘어지지만, 함께하면 영적 시험이 와도 서로가 붙잡아주고 일으켜줄 수 있다. 경건훈련은 제자훈련이 끝나고 나서도 하나님과의 영적 교제를 이어갈 수 있는 기반을 마련해준다. 리더의 응답에서도 이 세 부분이 가장 높게 나타나고 있다.

제자훈련 오리엔테이션 자료를 부록에 실었다. 이를 참고하면 실제로 어떻게 제자훈련이 진행되는지 도움이 될 것이다. 그 외 자료들은 사랑의교회 대학부 홈페이지(www.saranguniv.org)를 참고하기 바란다.

그래서
뭐가 달라졌어?

제자훈련 지도자 세미나에서 한 참가자가 강사 목사님에게 질문하였다. 20년 넘게 제자훈련을 해오셨는데, 훈련생들이 단 한 가지만 바뀌어도 성공했다라고 할 수 있는 것이 무엇이냐고 물었다. 강사 목사님은 조금도 주저함 없이 QT라고 대답하셨다. 제자훈련이 끝나고 스스로 말씀의 샘에서 물을 길어 올릴 수 있게 된다면, 그것만으로도 제자훈련은 성공한 것이다. 주일예배와 저녁예배, 수요예배와 금요기도회, 매일의 새벽기도까지 항상 누군가 말씀을 떠먹여주는 어린 아이와 같은 의존자에서, 스스로 하나님의 말씀을 먹을 수 있는 수준이 되었다는 것은 앞으로 훨씬 더 성장할 가능성을 얻은 것이다.

1년이라는 시간 동안 제자훈련을 통해 적지 않은 변화가 일어난다. 그래서 리더에게 어떠한 부분이 가장 변화되었는지를 복수응답으로 물었다. '말씀묵상'이 가장 높게 응답되었고, '인격과 성품', '기도의 깊이', '사역과 봉사에 동참', '관계성' 순으로 변화되었다고 응답했다. '모든 부분'이 변화되었다는 기타 응답도 있었다. 하나님과의 관계가 더 친밀해졌다, 인생관, 세계관, 가치관, 우선순위가 변했다는 것을 포함해 잘 모르겠다는 응답도 있었다.

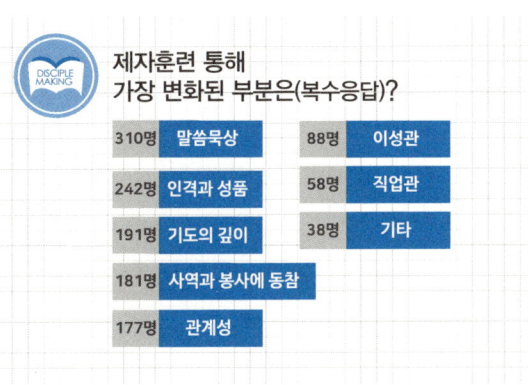

제자훈련이 끝나고 더 이상 교역자의 도움 없이도 홀로 설 수 있는 척도 중 하나는 바로 말씀묵상이다. 이제 자기 스스로 말씀을 읽고 하나님과 영적 교제를 이어갈 수 있다는 것은 제자훈련의 가장 큰 성과임에 틀림없다. 기도의 깊이가 더욱 깊어졌다는 것도 하나님과의 교제를 이어가는 가장 강력한 수단을 확보한 셈이다. 제자훈련이 끝났다고 해서 완전한 자가 되는 것은 결코 아니다. 우리가 하나님 앞에 설 때까지 끊임없이 영적으로 성장하고 그리스도를 닮아가야 한다. 그런데 이제 본인 스스로 걸음마를 떼고 두 발로 걸을 수 있는 수준이 된 것이다.

변화된 부분 중 '인격과 성품'이 두 번째로 높게 나타났다는 것은 제자훈련의 주된 목표였기에 지극히 자연스러운 반응이다. 제자의 다른 말은 '작은 예수'다. 제자가 된다는 것은 조금씩 조금씩 더 예수님을 닮아가는 것이다. 그래서 말하는 것도 예수님처럼 말하게 되고, 생각하는 것도 예수님처럼 생각하게 되고, 행동하는 것도 예수님처럼 행동하게 된다. 1년이라는 시간이 결코 길지 않은 시간이지만, 조금씩 예수님을 따라 하는 작은 예수의 모습이 나타나게 된다.

어느 순간 한국교회에서 사라진 용어가 있다. 바로 '예수쟁이'다. 불과 10여 년 전까지만 해도 교회 다니는 사람을 그렇게 불렀다. '쟁이'란 무엇에 미쳐 있는 사람을 말한다. 그래서 누가 봐도 저 사람은 예수에 미쳐 있는 사람이어서 반드시 티가 난다는 것이다. 세상 사람들이 비아냥거리며 하는 말이었지만, 그때는 적어도 예수 믿는 사람들이 세상 사람들과는 무언가 달랐다. 그런데 어느 순간부터인가 예수쟁이라는 말을 듣기가 참 어려워졌다. 학교에서 교회 다닌다는 것도 말하지 못하는 청년들이 태반이다. 그런데 제자훈련을 받고 조금씩 티가 나기 시작한다.

말하는 것도 달라지고, 행동하는 것도 달라지기 시작했다. 나는 이들이 앞으로 한국사회에서 사라져버린 단어, 예수쟁이를 다시 되찾아줄 것이라 확신한다.

인격과 성품이 달라지니 자연스럽게 사람들과의 관계도 달라진다. 모든 관계를 주고받는 것으로만 생각하고 철저히 계산적이었던 삶에서 이제는 손해도 좀 보고 희생도 할 줄 알게 된다. 예수님께서 자신의 피값으로 우리를 사셨기에 우리도 이런 저런 희생쯤은 감수할 수 있는 믿음으로 용량이 커지게 되었다. 그와 함께 사역과 봉사에도 동참하게 된다. 이기적이고 자기중심적인 삶에 익숙한 청년들이 훈련을 받고 그들의 사명을 발견하게 되니, 이제는 섬기는 삶으로 나아가게 되는 것이다. 하나님의 은혜가 너무 커서 조금이라도 그것을 표현하고 싶어서, 누가 시키지 않아도 섬김의 자리를 찾아가게 되는 변화가 거듭되고 있다.

제자훈련,
가족이 되다

제자훈련을 마치고 일어난 변화들에 대해 좀더 구체적으로 물었다. 먼저는 제자훈련이 대학부 정착에 도움이 되었다는 비율이 90%에 육박했다. 사실 제자훈련에 들어오는 청년들은 공동체에 1년 이상 출석하고 있는 사람이 대부분이다. 이미 대학부에 적응하였다고 볼 수 있다. 하지만 그럼에도 불구하고 제자훈련을 통해 우선은 교역자와의 관계가 깊어지고, 다른 지체들과도 형식적인 관계가 아닌 동역자의 관계로 깊어지게 된 것이다.

제자훈련이 공동체 적응과 참여에 도움이 되었는가?

- 매우 그렇다: 51%
- 그렇다: 38%
- 보통이다: 8%
- 아니다: 2%
- 전혀아니다: 1%

한국 사회의 청년들은 두 가지 특성이 있다. 익명성과 관계성이 그것이다. 교회 안에서도 이것이 그대로 드러난다. 누구도 의식하지 않고 조용히 예배만 드리고 사라지고 싶어하는 것이 오늘날의 청년들이다. 그러나 그들도 내면에서는 누군가 의지하고 함께 삶을 나눌 수 있는 관계를 갈구하고 있다. 하지만 쉽게 마음을 열지 못하고 사람에 대한 두려움을 가진 청년들이 많다. 그러한 청년들이 제자훈련을 통해 공동체에 온전히 적응하게 되고, 더 나아가 적극적으로 공동체에 참여하게 되는 계기가 되었다.

나는 왜
리더가 되었나?

대학부에서는 토요일 오후마다 모든 소그룹 리더가 모여 리더 훈련을 받는다. 한 명도 예외 없이 3시간이 넘게 기도하고 말씀을 나누며 제자훈련 이후의 훈련을 이어가고 있다. 하루는 리더 훈련 장소에 조금 일찍 가게 되었다. 마침 한 자매 리더가 혼자서 기도하고 있었다. 뒤에서 묵묵히 지켜보는데, 그 자매가 손에 든 수첩을 보면서 기도하고 있었다. 그래서 기도 마칠 때까지 기다렸다가, 자매에게 그 수첩이 무엇이냐고 물었다.

처음에는 수줍어하면서 보여주지 않으려고 했지만, 곧 그 수첩에 수많은 기도제목이 적혀 있는 것을 보게 되었다. 그동안 자신이 맡은 조원들의 기도제목이 해를 거듭할 때마다 계속해서 업데이트되어 있었다. 리더로 섬긴 지 4년이 넘었으니, 8학기 동안 맡은 조원들이 대략 70명은 넘어보였다. 한 번 리더는 영원한 리더라는 생각으로 자신이 맡았던 조원들을 위해 계속해서 기도하고 있었던 것이다.

왜 이 자매가 맡았던 조원들마다 한 사람도 대학부를 떠나지 않고, 하나같이 제자훈련을 받고 리더로 섬기게 되었는지를 비로소 깨달을 수 있었다. 제자훈련은 교역자들이 인도하지만, 한 영혼을 끝까지 품고 또 다른 제자로 양육하는 것은 바로 이런 리더의 몫이었다. 나도 300명이 넘는 청년들을 제자훈련시켰지만, 과연 이 자매처럼 '끝까지 그들을 기억하고 기도했는가?'라는 질문에 한없이 부끄러웠다.

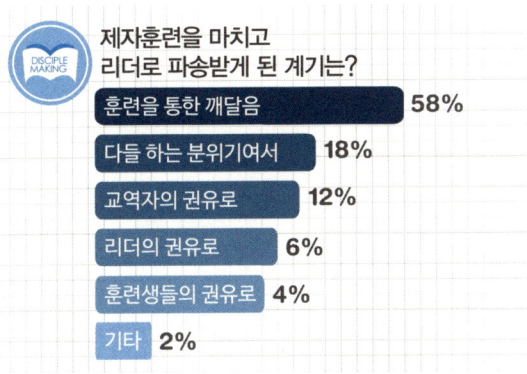

우리 교회 대학부에서는 1년간의 제자훈련을 수료하면, 소그룹 리더로 서임할 수 있다. 그래서 리더에게 제자훈련을 마치고 리더로 서임하게 된 이유를 물었다. 절반이 넘는 58%가 훈련을 통한 깨달음 때문이라고 밝혔다. 다들 하는 분위기여서

(18%), 교역자의 권유 때문에(10%) 리더로 섬기게 되었다는 응답이 그 뒤를 이었다. 제자훈련을 마치고 절반이 훨씬 넘는 청년들이 자발적으로 소그룹 리더로 섬기겠다고 결단한 것이다. 제자훈련은 기본적으로는 개인의 영적 성장을 위한 과정이지만, 훈련을 통해 자연스럽게 자신보다 연약한 지체들을 섬겨야 함을 깨닫게 된 것이다. 대학생이기에 다른 훈련생들이 리더로 서임하는 것을 보고 자연스럽게 따라가게 되는 비율도 있다. 또한 교역자들의 적극적인 권유에 순종하는 청년들도 있다. 하지만 그럼에도 불구하고 대부분의 리더는 훈련을 통해 가장 가치 있는 영혼 섬김의 자리에 자발적으로 동참하게 된다.

제자훈련을 통해 영적 재생산에 동참할 필요성을 가지게 되었는가?

- 매우 그렇다: 42%
- 그렇다: 44%
- 보통이다: 12%
- 아니다: 2%

그래서 보다 직접적으로, 제자훈련을 통해 영적 재생산에 동참해야 할 필요성을 가지게 되었는지를 물었다. 86%가 그렇다고 대답했다. 그렇지 않다는 응답은 2%였다. 제자훈련을 통해 자신의 영적 성장에만 만족하지 않고, 또 다른 영혼들을 구원하고 그리스도의 제자로 세워야 함을 깨달은 것이다. "모든 민족으로 제자를 삼으라"는 예수님의 지상명령이 제자훈련을 통해 오고 오는 크리스천에게 동일한 최고의 사명으로 부여되고 있는 것이다.

대학부에는 교역자를 도와 예배, 행정, 교육, 양육, 선교 파트를 책임지는 간사들이 있다. 오랫동안 리더로 섬겨왔던 지체들 중 후배로부터 존경을 받는 가장 탁월한 리더가 간사로 섬기게 된다.

한번은 양육 파트를 담당하던 간사가 사임을 하면서 그 자리를 대신할 지체를 세워야 했다. 양육간사는 누구보다 사랑이 많아서 대학부의 구석구석을 살펴야 하는 중요한 자리인데, 기도하던 중 한 자매가 계속 떠올랐다. 이 자매는 2학년 때 제자훈련을 받고 리더로 줄곧 섬겨왔다. 그러면서 1학년 전체를 책임지는 새돌리더로 섬기기도 하였다. 새돌리더는 워낙 힘든 자리여서 마치고 나면 거의 모든 리더가 쉬고 싶어했다. 그럼에도 이 자매는 바로 이어서 리더를 돌보는 엘더의 자리도 기꺼이 순종하며 섬기고 있었다. 간사의 자리는 더더욱 힘들기에 자매에게 말을 꺼내기가 쉽지 않았다. 자매에게 양육간사로 섬겨줄 것을 요청했을 때 "지금 여기까지 섬긴 것만으로도 충분한 것 같다"는 대답을 들어야 했다. 그래도 일주일만 더 기도해 보자고 했다. 일주일이 지나 그 자매가 나를 찾아왔다.

미안하다는 얘기를 들을 줄 알았는데, 부족하지만 간사로 섬기겠다는 대답에 나는 너무 놀랐다. 어떻게 이런 결정을 했냐고 물었더니, "이만 하면 충분히 섬겼다"는 확신을 가지고 기도했는데 이것이 바로 사탄의 음성인 것을 깨달았다는 것이다. 그리스도가 자신의 몸을 찢으시기까지 나를 사랑하셨는데, 그리스도의 몸 된 교회를 섬기는 데 이만하면 충분한 것은 없다는 것이다. 이 자매는 이후 어린이집 교사로 일하면서 2년 동안이나 양육간사로 열심히 섬겼다. 나는 그 자매에게서 진정한 헌신이 무엇인지를 배웠다. 목회를 하면서 타협하고 싶을 때마다 그 자매의 말을 떠올리곤 한다. "이만하면 충분하다"라는 것은 사탄의 속삭임이라는 것을….

사랑의교회 대학부는 직장인이 되고 더 이상 리더로 섬기기 어려운 상황이 되면 대학부를 졸업하고 청년부나 다른 사역부

서로 올라가게 된다. 대학부에서 제자훈련을 받았기에, 교역자와의 관계 때문에 빚진 마음으로 리더로 섬기는 지체들도 꽤 많다. 대학부에서만 섬기고 졸업한 이후에는 섬기지 않는다면 그것은 분명 잘못된 훈련이다. 그래서 대학부 졸업 후에도 소그룹에 참여하여 영적 재생산에 동참하겠는지를 물었다. 놀랍게도 85%가 그렇다고 대답하였다.

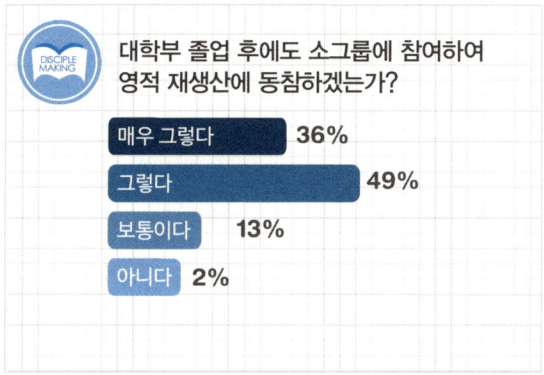

제자훈련을 통해 영적 재생산의 사명을 깨달은 리더가 대학부에서만 리더로 섬기겠다는 것에 그치지 않았다. 그래서 어느 자리에서든, 어느 곳에서든 영혼을 구원하고 그들을 자신처럼 영적 성장으로 인도하는 삶을 살겠다는 것이다. 리더가 한 사람을 그리스도의 제자로 살아가도록 인도하는 것이 최고의 사명임을 잊지 않고 있음에 다시 한번 청년사역의 보람을 느끼게 된다.

    제자훈련을 마치고 한 자매가 찾아왔다. 한 달이 넘게 리더 서임을 놓고 기도했는데, 자신은 정말 자신이 없다는 것이다. 무엇이 그렇게 두렵냐고 물으니, 자신은 말씀을 읽어도 그 말씀이 잘 이해가 안 되고 전달할 능력도 없다는 것이다. 그러나 그 자매와 제자훈련을 1년 동안 하면서 누구보다 장점이 많고 열정이 많으며, 리더로서의 자질이 충분함을 나는 이미 확신하고 있었다. 그래서 그 자매를 꼭 리더로 세우고 싶었다.

    "말씀을 읽고 그 말씀의 의미를 잘 전달하고 가르치는 능력이 리더에게 중요한 것은 사실이다. 하지만 나는 우리 대학부 리더가 다른 그 어떤 은사가 하나도 없다 하더라도, 딱 한 가지 은사만 있다면 그것으로 충분하다고 생각한다. 그것은 바로 사랑의 은사다. 사랑도 은사다. 그래서 사랑의 은사도 더욱 계발해야 한다. 그런데 너는 이미 그 사랑의 은사가 누구보다 크지 않느냐? 사랑이 많으면 그것으로 이미 충분하고, 나머지는 따라올 것이다. 그래서 나는 네가 누구보다 좋은 리더가 될 것이라고 확신한다."

    이렇게 그 자매를 설득했다. 그리고 그 자매는 두렵고 떨리는 마음으로 순종하여 리더로 서임했다. 그의 염려는 기우에 불과했다. 사랑이 많은 리더이기에 자신에게 맡겨진 조원들을 위해 일주일 내내 소그룹 교재의 말씀을 묵상하고 또 묵상했다. 그리고 그 말씀의 핵심을 조원들이 어떻게 일주일 동안 잘 기억할 수 있을지 고민해 매주 대학부 소그룹에서 교구 하나씩을 만들어 조원들의 손에 들려주었다. 유아교육을 전공한 장점을 십분 발휘하였다. 그 자매에게 맡겨진 조원들은 자신이 얼마나 사랑받고 있는지를 느끼고 배우게 되었다. 그리고 그들도 그렇게 사랑이 많은 리더로 성장하는 것을 나는 지켜볼 수 있었다.

하나님은 사랑이시다. 그래서 우리에게 단 한 가지를 가지게 하신다면 그것은 분명 사랑일 것이다. 사랑이 많으면 다른 것들은 다 따라오게 되어 있다.

우리 교회 대학부는 1년간의 제자훈련만 수료하면 리더로 서임하게 한다. 장년부에서는 제자훈련과 사역훈련을 각 1년씩 수료하여야 순장으로 파송받을 수 있다. 사역훈련은 말씀으로 소그룹을 인도하는 실제적 훈련 과정인데, 대학부에서는 이러한 훈련 없이 리더로 서임하는 셈이다. 이는 대학부가 오랜 기간 머물 수 있는 곳이 아니기에 불가피한 선택이었다. 그럼에도 불구하고 리더에게 제자훈련이 리더로서 영혼들을 섬기는 데 도움이 되었느냐는 질문에 82%가 그렇다고 답하였다.

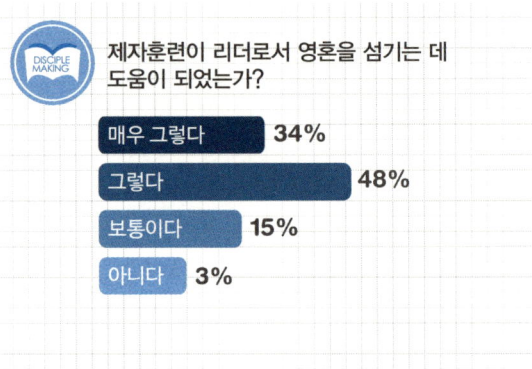

 말씀과 기도를 통해 하나님과의 영적 교제를 지속할 수 있도록 훈련하는 것이 제자훈련이다. 교리를 배우고 실제 삶 속에서 어떻게 작은 예수로 살아갈 것인가를 훈련받는다. 또한 알게 모르게 이미 소그룹의 일원이 되어 소그룹의 인도를 몸에 배게 훈련하고 있다. 그래서 제자훈련만으로도 이미 소그룹을 인도할 리더로 어느 정도는 준비되는 것이다. 물론 리더가 되어서도 리더 훈련을 통해 리더의 역할을 더욱 고민하며 계속 훈련받는 것이 반드시 동반되어야 한다. 훈련에는 끝이 없다.

제자훈련,
성역은 없다

설문 내용을 만들면서 자칫 우리 대학부가 잘하고 있다는 자화자찬에 그치지 않을까 하는 염려가 계속 들었다. 제자훈련의 열매가 크다고 하지만 거기에 안주하는 순간, 대학부가 매너리즘에 빠지고 제자훈련도 또 하나의 과정으로 전락해버릴 것이 너무나 자명하기 때문이다. 그래서 제자훈련을 더 보완할 점이 없는지를 리더에게 물었다.

제자훈련의 선이수 과정인 제자학교에 대해 어떻게 생각하는가?

항목	비율
현행대로 유지	59%
강의 수준을 높여야	13%
주제를 늘려야	6%
기간을 늘려야	5%
과제를 강화해야	4%
폐지해야	1%
기타	12%

먼저는 제자훈련의 선 이수 과정인 제자학교에 대해 물었다. 제자학교는 대학1부부터 8부까지 모든 대학생을 대상으로 신청자를 받아 신앙의 기초 6주, 신구약 파노라마 6주로 진행된다. 이를 각각 제자학교 A, B과정으로 부른다. 12주간의 제자학교는 모두 강의식으로 진행된다. 청년들의 필요에 따라 화요일 저녁과 토요일 오전에 각각 100~200명 정도가 모인다. 20분 찬양, 100분 강의, 40분 정도의 소그룹 나눔으로 이루어진다. 신앙의 기초는 '복음과 제자도', '말씀묵상', '예배', '기도', '공동체', '전도와 선교'까지 신앙의 가장 기본적인 6가지 주제를 대학부 교역자들이 각각 담당하여 강의한다. 신구약 파노라마는 디모데성경연구원에서 강사과정을 수료한 교역자들이 구약 3주, 신약 3주로 나누어 성경 전체를 돌아보는 과정이다.

제자훈련 지원자가 너무 많아 이들을 한 번 걸러낼 필요가 있었다. 친구따라 별다른 고민 없이 지원하는 대학생도 적지 않았다. 그래서 제자훈련보다 강도를 절반 정도로 낮춘 제자학교를 만들어 이 과정을 수료하면 어느 정도 준비될 수 있도록 한 것이다. 신앙의 기본적인 부분들을 확인하고 준비하여야 제자훈련에 들어와서도 큰 어려움 없이 따라올 수 있기 때문이다. 리더도 제자학교에 대해 59%가 현행대로 유지되어야 한다고 대답했고, 13%는 강의 수준을 더 높여야 한다고 대답하였다. 폐지해야 한다는 1%를 제외하고는 대다수의 리더가 제자학교가 제자훈련의 선 이수 과정으로 꼭 필요하다고 평가했다.

다른 교회의 청년부에서 제자훈련을 바로 진행하기에는 현실적인 어려움이 많다. 훈련이라는 이름이 주는 부담감도 있고, 막상 훈련에 들어가도 훈련 강도에 지치기 일쑤다. 그래서 제자훈련을 시도하기 전에 제자학교를 먼저 시행하는 것이 좋을 것이다. 청년부 전체를 대상으로 6주 동안 신앙의 기초를 강의하는 것은 그리 큰 부담이 안 될 것이다. 이후에 훈련에 대한 사모함이 생겨난 청년들을 중심으로 제자훈련을 이어가는 것이 가장 실제적인 방법일 수 있겠다. 이를 위해 제자학교 강의안과 오리엔테이션 자료를 부록에 실었다. 더 많은 강의안이나 강의영상은 사랑의교회 대학부 홈페이지(www.saranguniv.org)를 활용하기 바란다.

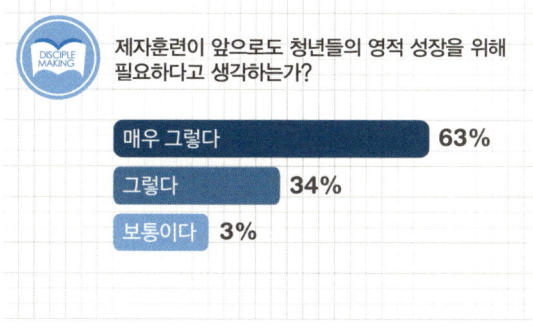

이어서 제자훈련에 대한 리더의 평가를 받았다. 제자훈련이 앞으로도 청년들의 영적 성장과 성숙을 위해 필요한가에 대해 97%의 리더가 그렇다고 대답하였다. 단 한 사람의 예외도 없이 대학부 리더는 모두 제자훈련을 수료한 청년들이다. 511명의 리더 중 495명이 제자훈련이 앞으로도 대학부 후배의 영적 성장을 위해 꼭 필요하다고 평가한 것이다.

배움도
습관이다

제자훈련을 마치고 서임하게 된 신임 리더가 첫 리더훈련에 들어왔다. 선배 리더 앞에서 인사하고 소감을 밝히는 순서가 있었다. 그중에 유독 주목받는 한 형제가 있었다. 대부분의 신임 리더는 자기가 잘할 수 있을까 하는 염려로 매우 긴장하기 마련인데, 이 형제는 인사하는 내내 대단한 자신감을 드러내 보였다. 이 형제의 말이 자신은 누구보다 제자훈련을 열심히 했고 벌금도 가장 적게 냈다는 것이다. 그리고 제자훈련을 굳이 안 받아도 리더로 충분히 섬길 수 있는데, 어찌 보면 지난 1년이 크게 필요했나 하는 생각이 든다는 것이다. 어디에서 저런 자신감이 나오는 것일까? 나를 포함해 많은 리더가 놀랐고 매우 걱정되었다.

선배 리더가 신임 리더를 위해 소그룹 첫 시간을 어떻게 보내고, 조원 양육은 어떻게 해야 하는지를 소그룹으로 나누어 가르치는 중이었다. 한 시간 정도 지났을 때 그 형제가 갑자기 소리를 높였다. "이제 다 같은 리더인데 누가 누구를 가르치느냐? 나는 혼자서도 잘 하니까 그만 잔소리하라." 가장 나이가 많은 자매 리더가 그 말에 너무 충격을 받아서 그만 울음을 터뜨리며 뛰쳐나가고 말았다.

"지금 선배들이 너희들이 잘 섬기도록 조금이라도 더 알려주려고 하는데, 그것을 잔소리라고 하면 어떡하느냐? 네가 제자훈련 마쳤다고 다 되었다고 생각하면 그건 진짜 큰 오산이다. 리더로 섬기다 보면 금방 내가 얼마나 부족한지를 더 절감하게 되고, 그래서 더 훈련받고 성장해야 함을 모든 리더가 깨닫게 된다. 나중에 네가 지금 한 말을 분명히 후회하게 될 거다. 당장 선배들에게 찾아가 사과하라."

나는 그 형제를 조용히 불러 나무랐다. 그리고 그 형제의 리더 서임을 취소하였다. 1년 동안 제자훈련을 했지만, 그 동기가 순수하지 못했기에 정말 그 시간이 이 형제에게는 낭비하는 시간이었을 수도 있었겠다는 생각이 들었다. 훈련하면서 교만한 모습을 보일 때가 한 번씩 있었는데, 그것을 깨뜨려주지 못한 내 책임이 너무 컸던 것 같아 가슴이 아팠다.

리더로 서는 것이 목표였던 이 형제는 자신의 교만함 때문에 리더로 서지 못한 것을 조금씩 깨닫기 시작했고, 지속적으로 나와 그 부분을 계속 고쳐나가는 훈련을 했다. 한 학기가 지나고 그 형제는 다시 리더로 서임하였다. 많은 시간을 리더로 섬기지는 못했지만, 그래도 그 형제가 리더로 섬기는 시간만큼은 겸손하게 최선을 다하여 섬겼던 것을 기억한다. 우리는 모두 죄인이다. 파괴되었던 하나님의 형상을 조금씩 회복하고 있는 중이다. 그 수준의 차이가 있다고 해도 하나님의 시각에서는 그저 도토리 키 재기인 셈이다. 그래서 더욱 겸손해야 하고 더욱 성장하기를 힘써야 한다.

이처럼 제자훈련을 받았다고 해서 한 순간에 신앙이 급격한 성장을 이루었다고 생각하는 것은 대단한 교만이다. 모든 크리스천은 하나님 앞에 설 때까지 끊임없이 성장하고 그리스도를 닮아가야 한다. 그래서 리더에게 제자훈련 이후에도 영적 성장과 성숙을 위해 또 다른 훈련이 필요한지를 물었다.

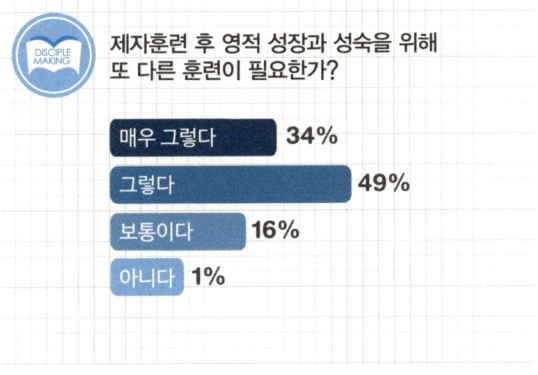

83%의 리더가 제자훈련 이후에도 또 다른 훈련이 필요하다고 대답하였다. 제자훈련을 통해 제자로서의 부르심과 영적 재생산이라는 사명을 깨달았다. 또한 이러한 사명을 붙잡고 살아가기 위해서는 더 많은 영적 성장이 필요하다는 것을 리더가 자연스럽게 깨닫게 되었음을 이 수치가 보여주고 있는 것이다.

그러면 제자훈련 후에 더 훈련받기를 원하는 것이 무엇인지를 복수응답으로 물었다.

제자훈련 후 더 훈련받기를 원하는 부분은 무엇인가(복수응답)?

315명	말씀묵상	174명	이성교제와 결혼
257명	기도훈련	161명	세계관 훈련
232명	교리연구	152명	직업관
221명	소그룹 인도법	148명	전도방법
203명	조원 양육	13명	기타
188명	리더십 훈련		

가장 많은 315명이 '말씀묵상'을 꼽았고, 기도훈련(257명), 교리연구(232명), 소그룹 인도법(221명), 조원 양육(203명), 리더십 훈련(188명) 등의 순으로 대답하였다. 리더는 말씀을 연구

하고 기도를 통해 하나님과의 영적 교제를 더 깊이 훈련하기를 가장 희망하고 있다. 이러한 개인의 영적 성장과 함께 소그룹 인도법, 조원 양육, 리더십 훈련을 그다음으로 많이 꼽았다는 것은 리더로서 영적 재생산을 위해 그만큼 고민하고 있고, 영혼을 더 잘 섬기기 위해 계속해서 훈련받기를 소망하고 있음을 보여 준다.

평생 동역자를 얻다

제자훈련이 막바지에 다다랐을 때, 한 자매 훈련생이 투정하듯이 말을 내뱉었다. 제자훈련을 받으면서 세상의 친구들과 하나둘씩 멀어지게 되고, 이제 교회 사람들밖에 안 남은 것 같다는 것이다. 다른 훈련생들도 자기도 점점 그런 것 같다고 맞장구쳤다. 내가 이렇게 물었다. "그래서 그게 좋다는 거야? 싫다는 거야?" 그 자매가 이렇게 대답했다. "세상 친구들은 좀 잃었는데, 그래도 더 좋은 동역자를 얻은 것은 감사하죠."

제자훈련을 받게 되면 대학생이 학업과 제자훈련 과제를 하는 것만으로도 시간이 부족하다. 그러다 보니 예전처럼 친구들을 만나서 수다도 떨고 여행도 가고 그럴 시간이 없어서, 자연스럽게 학교 친구나 동창들과 멀어지게 된다. 그래서 내가 이렇게 예언해주었다.

"그래도 지금은 덜한 거야. 나중에 제자반 마치고 리더로 섬기다보면 교회 사람들밖에 안 남을 거야. 너희 선배들도 대학부 졸업하고 대학부 사람들 말고는 만나는 사람이 없던데…."

크리스천이 세상 사람들을 등져서는 안 된다. 하나님께서는 세상 속에 있던 우리를 불러내시고, 또 다시 세상으로 보내시는 분이다. 그래서 하나님께로 돌아와야 할 사람들을 포기해서는 안 된다. 그런데 현실적으로 세상 사람들과 함께 있는 시간이 많아지면 많아질수록 그만큼 믿음을 지키기 어려운 것이 사실이다. 더구나 제자훈련 중이라면 더욱 힘들 수밖에 없다. 그래서 어느 정도 굳건한 믿음으로 성장할 때까지는 자신을 위해서라도 세상적 교제를 줄이는 것이 당연하다. 주를 부르는 자들과 함께하는 것이 믿음을 지키는 가장 확실한 방법이기 때문이다.

1년 동안 함께 웃고 함께 울던 제자훈련생 대부분은 훈련을 마치고 나서도 지속적으로 모임을 이어나간다. 한 달에 한 번씩 또는 적어도 분기마다 한 번씩 만나서 자신들의 삶을 나누고 기도제목을 나누며 서로를 위해 중보한다. 시간이 흘러 이제 아이들을 하나둘씩 데리고, 배우자까지 함께 모이는 제자반도 적지 않다. 살다 보면 누구나 견디기 힘들 정도로 어려운 터널을 지나가야 할 때가 닥친다. 그 고난의 파도가 닥쳐올 때 누군가 나를 위해 중보하고 손을 붙잡아줄 수 있다면 아무리 힘들어도 그 파도를 넘어설 수 있을 것이다. 제자훈련을 통해 이러한 평생의 동역자를 얻게 된다면 그것만으로도 1년의 시간이 전혀 아깝지 않은 것이다.

그래서 리더에게 삶의 고민, 신앙의 고민이 있을 때 누구에게 가장 도움을 구하는지를 물었다. 대학부 선배(39%)가 가장 많았고, 대학부 친구(24%), 제자훈련 동기(18%), 교역자(9%) 순으로 응답하였다.

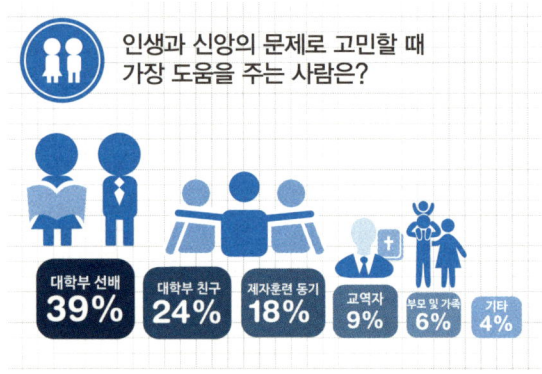

제자훈련을 받으면서 1년 동안 가장 많은 시간을 보낸 훈련생 동기들은 자연스럽게 평생의 동역자가 된다. 또한 자신들의 리더였고, 본인이 리더가 되어서 함께 동역하는 선배들을 누구보다 의지하게 된다. 한 가지 놀라운 것은 교역자라고 대답한 리더가 생각보다 적다는 점이다. 혹 리더가 우리 교역자에게 다가오는 것이 부담스럽다면 분명 교역자가 각성해야 하는 부분이다. 그런데 교역자를 의지하기보다 대학부 동역자들을 더 의지한다는 것은 그만큼 대학부에서 리더와의 관계가 친밀하고 깊다는 것을 보여주는 것이기도 하다.

청년들은
이런 목회자를 원한다

사랑의교회 대학부에 교육전도사로 부임한 지 얼마 안 되었을 때다. 대학부 사무실에 들어갔는데, 선배 교역자들의 분위기가 여느 때와 달리 매우 싸늘했다. 분명히 무슨 일이 일어난 것 같은데, 막내 교역자인 나로서는 알 길이 없었다. 그러던 중 나보다 한 해 먼저 부임한 선배 전도사님이 나를 조용히 불러 내막을 들려주었다. 어느 한 대학부의 간사가 담당 교역자와 언쟁이 벌어졌는데, 그중에는 교역자들 전체에 대한 충격적인 얘기도 있었다는 것이다. 대학부 교역자들이 일반 직장인들처럼 하루에 8시간씩만이라도 말씀을 깊이 묵상한다면 주일예배의 설교가 훨씬 권위가 있을 것이라는 말이었다. 간사라면 대학부에서 가장 존경받는 리더인데, 그런 간사의 말이기에 우리 교역자들은 가슴이 쓰리도록 아팠다. 그러면서 나는 나중에 목사가 되어서 저런 말을 듣지 않도록 더 열심히 사역해야겠다고 생각했다. 나는 다를 거라는 은근한 교만함이 있었던 것이다.

그러나 곧 전임 교역자가 되어 한 대학부를 맡고 보니, 선배 교역자들이 그동안 얼마나 치열하게 사역하였는지를 깨닫게 되었다. 제자반을 적게는 3개에서 4개씩 인도해야 했다. 숙제를 꼼꼼히 점검하다 보면 서너 시간이 훌쩍 지나간다. 토요일에 있는 리더훈련에 말씀을 전하고 기도회를 인도해야 하고, 주일에는 또 설교를 해야 한다. 부서 기도회도 있으니, 사실 한 대학부는 또 하나의 교회라 할 만큼 사역의 부담이 엄청났다. 그것만이 아니다. 예방적 목회를 하기 위해 부단히 학생들의 상황을 살피고 시간을 내어 상담해야 한다. 그래도 시간이 나면 캠퍼스로 심방을 나간다. 그래서 일주일 내내 한 본문을 가지고 설교하기 위해 묵상한다는 것은 사치에 가까웠다.

돌아보면 그 간사의 말은 그만큼 교역자에 대한 기대가 컸기에 던진 말이었던 것 같다. 교역자를 비난하는 것이 아니라, 우리 교역자가 더 닮고 싶고 더 배우고 싶은 신앙의 모델이 되기를 바라는 마음이었다는 것을 이제는 알 수 있을 것 같다.

제자훈련의 중요한 축 중의 하나는 소그룹을 인도하는 교역자다. 10명 내외의 청년들과 1년 동안 제자훈련을 진행하다 보면, 교역자의 삶과 인격이 그대로 드러나게 된다. 우리 대학부 교역자는 자신의 삶을 숨기거나 포장하고 싶어도 금방 드러날 수밖에 없기에 더욱 투명한 삶을 살아야 한다. 그래서 오랜 기간 교역자들을 지켜본 리더에게 대학부 교역자들에게 어떠한 모습을 기대하는지를 물었다.

'삶의 본이 되는 교역자'가 366명으로 가장 많았다. 이어서 '기도하는 교역자'(323명), '청년들을 잘 이해하고 어울리는 교역자'(256명), '설교 잘하는 교역자'(191명), '비전을 제시하는 교역자'(146명), '상담을 잘하는 교역자'(109명) 순으로 응답하였다.

바람직한 대학부 교역자 상은 무엇인가(복수응답)?

명	항목	명	항목
366명	삶의 본이 되는 교역자	109명	상담 잘하는 교역자
323명	기도하는 교역자	51명	소그룹 인도 잘하는 교역자
256명	청년들을 잘 이해하고 어울리는 교역자	42명	전도하는 교역자
191명	설교 잘하는 교역자	15명	찬양인도 잘하는 교역자
164명	비전을 제시하는 교역자	25명	기타

대학부 교역자는 청년이 20대 성인이 되어 처음 만나는 신앙의 리더다. 청년의 때에 삶의 모델로 삼는, 거의 유일한 대상이다. 그래서 청년들은 대학부 교역자에게 삶의 본이 되어주기

를 바라고, 기도하는 모습을 보여주기를 바라고, 청년들을 더 잘 이해하고 공감해주기를 바라고 있다. 물론 대학부 교역자들이 이 정도로 성숙된 사람은 아니다.

우리 대학부 11명의 교역자들 모두 사랑의교회 대학부에 부임할 때 나이가 20대 후반이나 30대 초반이었다. 우리 교역자들도 한참 더 성장하고 성숙해야 하는 불완전한 사람들이다. 그래서 교역자들을 향한 이러한 리더의 바람이 너무 가혹한 것이 아니냐고 할 수도 있다. 그러나 리더가 이것을 모르는 것이 아니다. 다만 자신들보다 한 걸음 먼저 하나님의 말씀대로 살아가려고 몸부림치는 교역자의 모습을 원하는 것이다. 또한 앞으로도 가르친 말씀대로 먼저 교역자들이 흔들림 없이 살아가기를 기대하고 있는 것이다. 그래서 이러한 리더의 기대가 너무 부담스럽기도 하지만, 말만 많고 삶이 없는 교역자가 되지 않으려고 오늘도 우리는 다시 하나님 앞에 엎드린다. 우리가 가는 길을 따라오라고 리더에게 말할 수 있는 교역자, 아니 그런 선배가 되기를 바라며 우리는 오늘도 두렵고 떨리는 마음으로 걸어가고 있다.

끝까지 붙잡을 핵심사역을 말하다

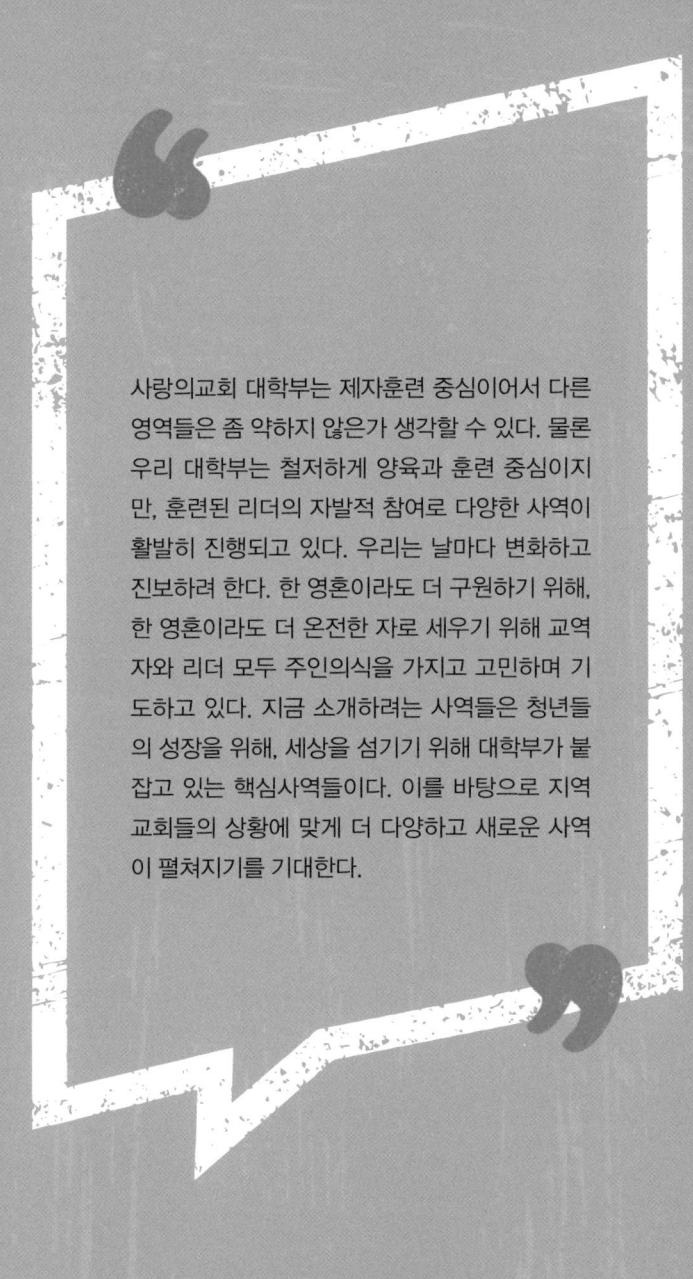

사랑의교회 대학부는 제자훈련 중심이어서 다른 영역들은 좀 약하지 않은가 생각할 수 있다. 물론 우리 대학부는 철저하게 양육과 훈련 중심이지만, 훈련된 리더의 자발적 참여로 다양한 사역이 활발히 진행되고 있다. 우리는 날마다 변화하고 진보하려 한다. 한 영혼이라도 더 구원하기 위해, 한 영혼이라도 더 온전한 자로 세우기 위해 교역자와 리더 모두 주인의식을 가지고 고민하며 기도하고 있다. 지금 소개하려는 사역들은 청년들의 성장을 위해, 세상을 섬기기 위해 대학부가 붙잡고 있는 핵심사역들이다. 이를 바탕으로 지역교회들의 상황에 맞게 더 다양하고 새로운 사역이 펼쳐지기를 기대한다.

수양회,
너무 뻔한데 그걸 또…

대학교 신입생 때 가장 친하게 지낸 친구가 있었다. 선교단체인 SFC에서 함께 활동했던 친구인데, 나와는 달리 대학에 들어와서 노방전도 때 예수님을 영접한 친구였다. 4대째 모태신앙인 나와는 참으로 많은 점이 대비되었는데, 가장 큰 차이는 예배를 드리는 태도였다. 일주일에 한 번씩 전 멤버가 모여서 예배하는 큰모임에서 가장 열정적으로 찬양하고 기도하는 사람이 바로 그 친구였다. 반면에 나는 1시간이 훌쩍 넘는 간사님의 설교 시간을 견디는 것이 힘들어 모임 끝나고 이어지는 저녁식사 시간만을 고대하며 겨우 버텼다. 대학에 와서 예수님을 만나고 그 구원의 감격에 넘쳐나는 친구를 볼 때마다 나의 메마른 신앙이 부끄러웠다.

학기가 거의 끝나갈 무렵이었다. 같은 소그룹이었던 친구에게 알돌로 불리는 리더누나가 방학 일정을 물어보았다. 그 친구는 보란 듯이 다이어리를 꺼내 6월 말부터 8월까지 수양회로 빼곡히 채워진 일정을 보여주었다. 짧게는 2박 3일, 길게는 일주일 내내 전국 곳곳을 누비는 일정이었다. 중간에 하루나 이틀 비운 것은 집에 와서 빨래도 하고 개인적으로 재정비하는 시간이라고 했다. 나도 중학교 1학년 이후 거의 매 학기마다 수양회를 참석했지만, 좋았던 때도 있고 힘들었던 기억도 있다. 그런데 이 친구는 학기 중에 참석했던 1박 수양회가 너무 좋았고 마치 천국에 있는 것 같았다고 했다. 그래서 거의 10개나 되는 수양회에 참석하여 방학을 말씀과 기도로 채우겠다는 의지로 불타고 있었다. 그런데 그 친구는 중간에 체력이 떨어져 8월부터는 수양회에 가지 못하고 집에서 쉬었던 것으로 기억한다. 자신도 너무 의욕만 앞섰던 것 같다며 왜 나한테 더 적극적으로 말리지 않았느냐고 투덜대기도 했다. 그럼에도 불구하고 수양회에서 하나님을 더 인격적으로 만나고 자신의 전공인 전자공학을 더 열심히 공부해야 할 이유를 발견했다며 행복해하던 그 표정이 지금도 잊히지 않는다.

사랑의교회 리더들은 영적 성장에 도움을 준 것으로 제자훈련 다음으로 수양회를 꼽았다(Chapter 1에서 설명). 그리고 수양회가 영적 성장에 도움이 되었는지에 대해서도 90%의 리더가 그렇다고 대답하였다.

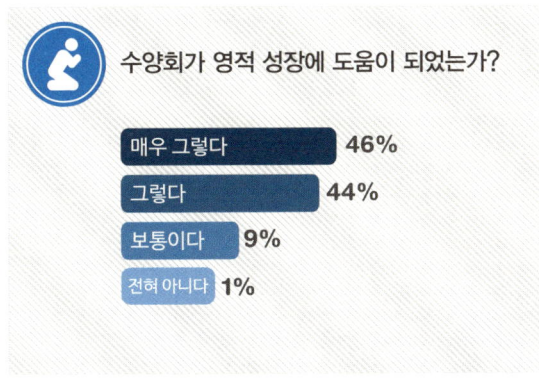

　선교학적으로도 한국교회가 가진 독특한 강점은 말씀 중심이라는 것이다. 1882년 만주에서 존 로스 선교사님이 중심이 되어 누가복음과 요한복음을 번역, 출간하였다. 또한 일본에서도 이수정 선생님이 신약성경을 번역해 출간했는데(1884) 그 성경을 가지고 1885년에 언더우드와 아펜젤러 선교사님이 인천 제물포항에 첫 발을 내디뎠다. 선교사보다 성경이 먼저 번역되어 들어간 나라는 세계선교 역사에 유래를 찾기 어렵다. 또한 경전 중심의 유교문화의 영향으로 믿음의 선조들은 유독 성경을 읽고 외우며 말씀에 대해 알기를 힘썼다. 평양대부흥도 그 전부터 활발히 이루어졌던 말씀사경회가 발단이 된 것이다.

　한국교회 초기부터 시작된 말씀사경회가 청년들을 중심으로 수양회로 발전되었고, 지금은 수양회가 없는 교회가 오히려 이상하게 여겨지는 시대가 되었다. 이처럼 수양회는 청년사역의 가장 중요한 핵심사역이고, 이 수양회를 통해 지금도 수많은 청년이 하나님을 인격적으로 만나고 비전을 발견하며 영적 거듭남을 경험하고 있다.

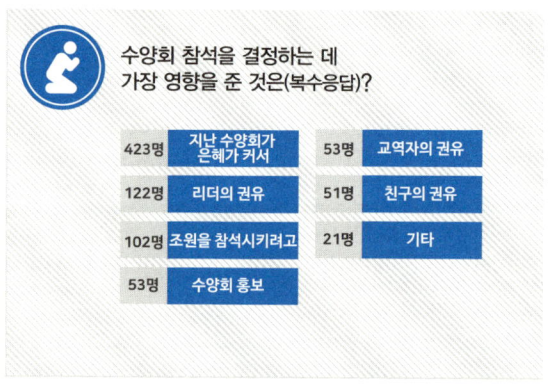

리더는 조원 때부터 매년 여름과 겨울 수양회를 참석하였다. 그럼에도 불구하고 왜 매번 수양회를 참석하는지에 대해 복수응답으로 물었다. 놀랍게도 83%에 해당되는 423명의 리더가 지난 수양회에서 받은 은혜가 너무 커서 다시 수양회를 참석하게 되었다고 대답하였다. 리더나 교역자, 친구들의 권유도 있었지만 대부분의 리더는 지난 수양회에서 받은 은혜가 너무 커서, 또 그 은혜를 기대하며 자발적으로 수양회에 참석하고 있다. 사실 수양회는 청년의 때에만 누릴 수 있는 특권이다. 3박 4일간 세상을 떠나 하나님께만 집중할 수 있는 기회는 대학생 때가 아니면 가질 수 없다. 취업을 하고 가정이 생기면 하루라도 시간을 내기가 정말 어렵다. 선배들을 통해 이것을 본 리더기에 대학생 때에 이 특권을 누리기를 더욱 사모하고 있는 것이다.

그래서 리더에게 수양회에서 가장 기대하는 것인 무엇인지를 물었다. 절반에 가까운 리더가 '복음의 감격 회복'이라고 대답하였다. 오늘 한국사회의 대학생은 치열한 경쟁 속에 살아가고 있다. 대학만 들어가면 더 이상 이러한 경쟁이 없을 줄 알았는데 취업이라는 훨씬 더 치열한 경쟁에 놓였다. 이러한 경쟁 사회에서 살다 보면 나도 모르게 세상이 만들어놓은 구조 속에 빠져들면서 하나님과의 교제는 멀어질 수밖에 없다. 그래서 적어도 6개월에 한 번씩만이라도 세상 속에서 나와 하나님께만 집중해야 함을 리더가 더 잘 알고 있다. 어느덧 식어 있던 구원의 감격을 다시 회복하고 왜 내가 다시 세상으로 나아가야 하는지를 재무장하기 위해서다.

우리 대학부 수양회의 가장 중요한 시간 중의 하나는 '소그룹 성경공부'(GBS)다. 수양회마다 주제를 정하고 그 주제에 맞는 본문을 정한다. 그래서 성경의 한 부분을 깊이 묵상하고 연구하며 토론하여 하나님께서 말씀하시는 의미를 힘써 찾는다. 수양회 기간 중 매일 3시간의 소그룹 성경공부를 통해 치열한 토론이 이어진다. 그것을 통해 말씀을 보는 눈을 갖게 되어, 수양회 이후에도 말씀묵상이 깊어지는 계기가 된다. 리더 대부분이 이처럼 하나님을 더 사랑하고 알아가기 위해 수양회에 참석한다. 신앙의 본질, 그것을 알고 거기에 시간과 물질을 기꺼이 투자하는 리더가 있기에 우리 대학부는 영적으로 깨어 있을 수 있다.

우리 교회 대학부의 수양회 일정은 단순하다. 오전과 저녁에는 말씀 중심의 집회가 있고, 오후에는 소그룹으로 흩어져

[2016년 대학부 여름 연합수양회 시간표]

3시간 동안 성경공부를 한다. 오전과 저녁 집회는 찬양 50분, 말씀 100분, 기도회 60분으로 진행된다. 오전과 저녁집회에 말씀을 전해주시는 강사분들을 각각 세워 초신자나 믿음이 성숙한 리더 모두에게 필요한 말씀이 전해지도록 전략적으로 준비한다. 두 분의 주강사와 함께 4번의 소그룹 성경공부를 한 주제에 맞추어 동일한 맥락에서 수양회가 진행되도록 치밀하게 준비한다. 이렇게 말씀 중심의 수양회이다 보니 리더도 수양회 중 말씀시간에 가장 많은 은혜를 받았다고 대답하였다. 또한 말씀을 듣고 흘려버리지 않도록 이어서 진행되는 기도회 시간을 통해 다시 결단하게 된다.

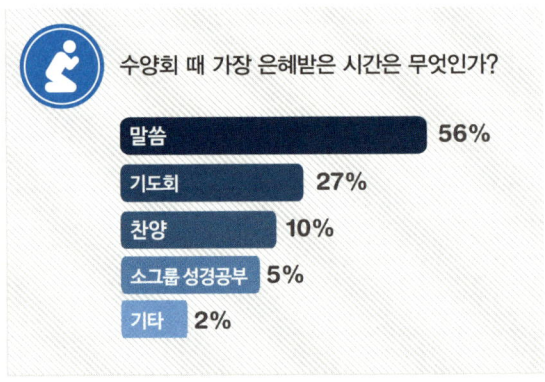

우리 교회 대학부는 8개의 부서로 나뉘었지만 또한 하나의

대학부이기에 여름마다 전 부서가 함께 참여하는 연합수양회를 가진다. 10년이 넘게 7월 첫 주에 용인에 있는 총신대 신대원에서 3박 4일간 진행하고 있다. 수양회를 준비하면서부터 모든 부서가 연합하여 먼저 하나가 된다. 가장 대표적인 것이 연합찬양팀이다. 각 부서 찬양팀원들의 지원을 받아 두 개의 팀을 꾸려서 이틀씩 오전과 저녁 집회 찬양을 인도하고 기도회를 섬긴다. 한 달이 넘게 매일 모여서 함께 기도하며 삶을 나누고 먼저 예배하는 이들이 있기에 수양회가 시작되기 전부터 대학부는 이미 하나가 되고, 은혜의 시간들은 준비되고 있는 것이다.

한 해는 강사와의 일정이 맞지가 않아 부득이하게 총신대가 아닌 천안 호서대에서 수양회를 진행한 적이 있다. 1,500명이 넘는 참석자들을 수용할 수 있는 집회실과 숙박시설을 가진 곳이 생각보다 많지 않았기에 별다른 선택의 여지가 없었다. 청년들에게 꼭 필요한 강사를 모셔야겠다는 의지로 내린 결정이었지만, 그만큼 우리가 치러야 할 대가도 컸다. 교회와의 거리가 멀어진 것도 적지 않은 부담이었지만, 완전히 생소한 장소에서 모든 것을 제로베이스에서 시작해야 했던 행정팀의 고충이 정말 컸다. 100명에 육박하는 행정팀원들이 하루 먼저 들어가서 모든 동선을 체크하고 집회실과 식당, 숙박시설들을 세팅하는 것은 마치 군사작전과 같았다.

이렇게 철저하게 준비한다고 했지만, 막상 수양회가 시작되니 여기저기서 예전 수양회와 비교하는 불평들이 터져 나왔다. 그래서 나와 전체 행정을 책임졌던 총무간사는 밤을 새며 인원 배정을 비롯한 모든 세팅을 다시 구상하고 수정하기를 반복했다. 다행히 강사 목사님을 비롯한 수양회의 모든 시간이 너무나 은혜가 넘쳤기에 그 이후 이 정도 불편은 능히 감수할 수 있는 분위기로 바뀌었다. 대학부에 있는 동안 가장 힘든 수양회였지만 수양회를 섬겼던 모든 청년에게는 한 단계 더 성장하는 계기가 되었다. 나보다도 더 고생하고 잠을 못 잤던 총무간사는 이후 신대원에 진학하여 안수를 받고 지금은 청년사역에 헌신하고 있다. 신대원에 들어가서 처음 사역지를 지원하여 인터뷰를 하는데, 1,500명 수양회 전체 행정을 맡았다는 것이 큰 점수를 받았다고 한다. 남들이 알아주지 않아도 하나님께서는 다 기억하고 계신다. 대가를 바라지 않고 묵묵히 섬기고 헌신하는 사람들이 있기에 지금도 수양회에서 은혜를 받고 결단하는 청년들이 생겨나고 있다. 그래서 수양회는 분명히 섬기는 자나 섬김을 받는 자 모두에게 하나님이 주신 최고의 초대장임에 틀림없다.

규모가 크지 않은 지역교회 청년부가 따로 수양회를 하는 것이 부담스러울 수 있다. 장소를 빌리고 강사를 모시고 교통수단과 식비 등을 계산하면 적지 않은 재정이 필요하다. 그럼에도 불구하고 수많은 청년이 수양회를 통해 하나님을 깊이 만나고 자신의 삶을 하나님께 헌신하는 계기가 되었음을 잊지 말아야 한다. 무리해서라도 1년에 한 번은 자체 수양회를 가지는 것이 필요하다. 수양회를 준비하고 섬기면서 관계가 깊어지고 공동체 의식이 세워지는 것도 큰 장점이다. 교회의 지원이나 현실적인 어려움이 있다면 기존 단체들의 수양회에 참석하는 것도 한 가지 대안이 될 수 있을 것이다. 우리 대학부도 교회들로부터 그러한 요청이 있을 때마다 적극적으로 배려하고 있다.

최근 수양회의 트렌드가 말씀과 기도의 시간들보다 콘서트나 다양한 행사로 채워지는 것을 보게 된다. 물론 이러한 시도를 통해 수양회가 역동적으로 다양한 필요를 채울 수 있을 것이다. 그러나 대학생 이상의 나이라면 다시 본질로 돌아가 말씀으로 승부하는 것이 필요하다고 생각한다. 수양회는 하나님 앞에 다시 서는 시간이다. 세상의 분주함을 내려놓고 하나님께 나아가는 시간이다. 그래서 하나님께서 우리에게 말씀하시고 우리는 그 말씀 앞에 자신을 돌아보아야 한다. 또 그 말씀을 붙잡고 기도로 결단하여야 한다. 대학부 수양회라면 주일학교 때와는 달라야 한다고 나는 생각한다.

해외 단기선교,
남이 아닌 나의 선교가 되다

태국에는 우리 대학부가 20년이 넘게 매년 단기선교팀을 보내고 있다. 한 지역에 이렇게 오랫동안 선교팀을 보낼 수 있는 이유는 선교사님이 우리 대학부 출신이어서 소통이 잘 되기 때문이다. 그러나 그것만으로 이렇게 오랫동안 선교팀을 보낼 수 있었던 것은 아니다. 선교사님의 삶 자체가 청년들에게 엄청난 도전과 감동을 주기 때문이다.

선교사님은 학생 때 대학부에서 태국으로 처음 단기선교를 다녀온 이후 선교에 대한 마음이 계속 커지게 되었다고 한다. 그래서 2번 더 단기선교를 다녀온 이후 선교사로 헌신하게 되었다. 이후 CCC에서 전임간사로 섬기던 사모님을 소개받아 함께 태국 치앙마이로 파송되었다. 처음에는 CCC 간사 출신인 사모님이 주도적으로 치앙마이 대학에서 사역을 펼쳐갔다. 아무것도 없는 곳에서 한 사람 한 사람을 전도하고 양육하여 어느덧 태국에서 가장 주목받는 CCC를 세웠다. 하지만 가장 사역적 보람이 클 때 사모님께서 급성암으로 소천하셨다. 3살과 1살 두 아이가 엄마 없이 태국에서 자라는 것도 어려웠고, 교회와 파송단체에서는 선교사님이 이전처럼 사역하기 어렵다는 결론을 내려 귀국할 것을 요청했다.

하지만 선교사님께서는 사모님께서 그렇게 사랑했던 태국 청년들을 두고 떠날 수 없고, 이제는 본인이 그 영혼들을 품겠다는 말씀을 남기고 선교지를 떠나지 않았다. 그래서 우리 대학부에서도 매년 선교팀을 보내어 선교사님의 사역을 도왔다. 갈 때마다 MK팀을 따로 만들어 두 아이를 양육하고 가르치기를 이어갔다. 선교팀원들 중에 돌아가며 태국으로 6개월에서 1년씩 넘어가 선교사님의 사역을 돕고 아이들을 돌보았다. 그러면서 치앙마이 CCC는 더욱 성장하였고, 선교사님도 교회가 소개한 평생의 동역자를 만나 더욱 사역에 집중할 수 있게 되었다. 한 알의 밀알이 땅에 떨어져 죽으면 많은 열매를 맺는다. 이것을 우리는 선교사님을 통해 지켜볼 수 있었다. 희생이 무엇인지, 한 영혼을 품는 것이 무엇인지를 우리는 선교사님의 말이 아닌 삶을 통해 배울 수 있었다.

이처럼 청년사역에 있어서 수양회만큼이나 빼놓을 수 없는 핵심사역이 바로 해외 단기선교일 것이다. 2주간의 해외 단기선교가 청년들로 하여금 선교 현장을 돌아보고, 선교적 삶을 고

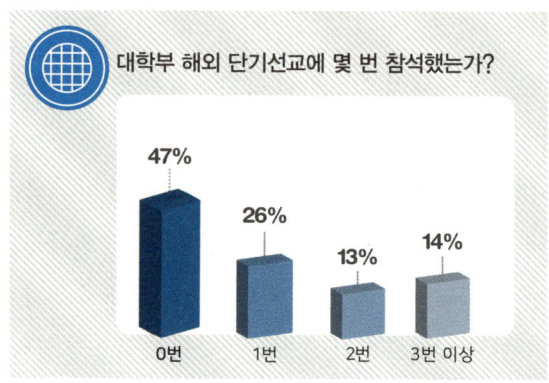

민하게 하며, 장기적으로는 단기선교사로 헌신하게 하는 첫 걸음을 내딛게 한다. 모든 민족으로 제자를 삼으라는 예수님의 지상명령은 모든 크리스천에게 주어진 최고의 사명이고 비전이다. 그래서 구원받은 자라면 누구에게나 주어진 동일한 명령이다. 하지만 막상 선교라고 하면 너무 거창한 이야기이고 내가 아니라 보다 더 헌신되고 믿음이 깊은 사람들만 할 수 있는 것이라고 생각하기 마련이다.

청년의 때에 단기선교를 통해 선교 현장을 돌아보고, 짧게나마 선교사님과 협력하여 사역에 동참하는 것이 너무 중요하다. 이를 통해 선교에 대한 막연한 두려움에서 벗어나 선교사로서의 헌신에 대해 깊이 고민해볼 수 있기 때문이다. 또한 이후로도 자신의 삶의 터전에서 지속적으로 선교적 삶을 살아가기를 잊지 않게 하는 소중한 계기가 된다. 우리 대학부의 절반이 넘는 리더가 단기선교에 참여하였고, 두 번 이상 단기선교에 참여한 리더도 27%나 된다는 것이 이를 증명해준다.

사랑의교회에는 세계선교부가 선교사역을 총괄하고 있다. 65개국에 218가정, 378명의 장단기 선교사를 파송하여 후원하고 있다. 이러한 선교부로 성장할 수 있었던 근원은 교회 개척 초기 대학부에서 시작된 겨자씨 선교기도모임이다. 사랑의교회가 초창기에 세운 3대 비전이 평신도선교, 북방선교, 젊은이 선교였다. 그래서 자연스럽게 선교에 대한 관심이 높았고, 처음 단기선교에 참여했던 대학부 지체들이 지속적으로 선교사님들을 위해 기도하려고 모였던 모임이 바로 겨자씨 선교기도모임이었다. 이후 선교 동원을 위해 겨자씨 선교학교를 만들었고, 이것이 전 교회적으로 발전하여 세계선교부의 3단계 선교학교(기본과정, 심화과정, 지도자과정)로 확대되었다. 가장 가슴 뜨거운 20대에 선교 현장을 경험한다는 것이 얼마나 중요한지를 이런 역사들이 잘 보여주고 있다.

단기선교에 3번 이상 참여한 리더도 14%나 되었다. 단기선교를 거듭 경험하면서 1-2년간 단기선교사로서로 소명을 확인하고 지원하는 리더가 매년 10여 명이다. 그래서 리더에게 단기선교를 통해 얻을 수 있는 유익이 무엇이었는지를 물었다.

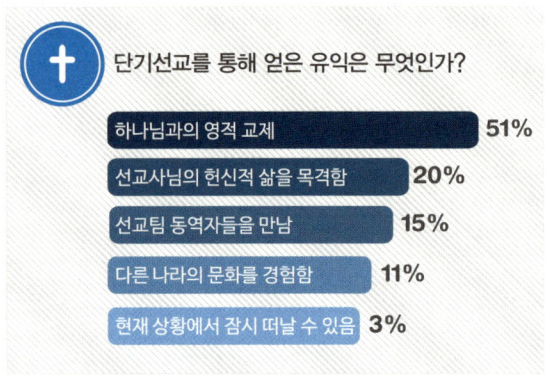

　절반이 넘는 리더가 하나님과의 영적 교제라고 대답하였다. 단기선교를 준비하는 과정에서부터 내 힘으로 감당할 수 없기에, 더욱 기도로 하나님을 의지하고 깊이 묵상할 수밖에 없다. 그래서 어느 때보다 영적으로 민감하게 되고, 선교팀 안에서 함께 기도하고 준비하는 과정을 통해 영적으로 깨어 있기를 배우고 힘쓰게 된다. 선교 현장에서는 한 영혼 영혼을 만날 때마다 하나님의 도움을 더욱 간절히 기도하게 되고, 사역의 열매를 경험하면서 하나님을 더욱 신뢰하고 의지하게 되는 훈련이 이어진다. 이처럼 일상에서는 쉽게 경험할 수 없는 하나님과의 깊은 교제를 선교 현장에서 경험할 수 있다는 것이 단기선교의 가장 큰 유익이다.

　그다음으로 선교사님의 헌신적인 삶을 지켜볼 수 있는 것이 단기선교의 유익이라고 대답하였다. 대학부에서는 여름과 겨울 매번 5~6개 지역에 단기선교팀을 보낸다. 길게는 20년 가까이 지속해서 보내는 선교지가 있고, 매번 1~2곳은 새롭게 선교사님들과 접촉하여 새로운 선교지를 발굴하고 있다. 대학부에서 오랫동안 다양한 지역으로 선교팀을 보내면서 단기선교팀의 성패는 결국 현지 선교사님에게 달려 있음을 거듭 확인하게 된다. 대학부 청년들이 선교 현장에서 사역하시는 선교사님들의 열정과 헌신을 보고 도전을 받게 되면 이후에도 그 지역으로 선교팀을 보내게 된다. 또한 선교를 다녀 온 이후에도 지속적으로 선교사님과 연락하며 기도모임을 이어가게 된다.

우리 교회 대학부에서는 대학교 중간고사가 끝나는 시점부터 4주간에 걸쳐 겨자씨 선교학교를 운영한다. 방학하면 바로 팀을 보낼 수 있도록 미리 선교팀원들을 모집하고 선교에 대한 동기와 실질적 도움을 주기 위해서 20년 넘게 운영해오고 있다. 4번의 강의 중 두 번은 필드에서 사역하고 계신 선교사님들을 초청하여 선교 현장의 생생한 정보를 듣는다. 1번은 교회 내 선교부 담당목회자를 초청하여 선교의 기초적 지식을 듣고, 마지막 1번은 우리 대학부 교역자가 단기선교의 실제적인 준비에 대해 강의를 한다. 1번의 독서과제와 1번의 생활숙제(양화진 방문)를 마치고 선교학교를 이수하면 단기선교에 참여할 수 있는 자격을 부여한다.

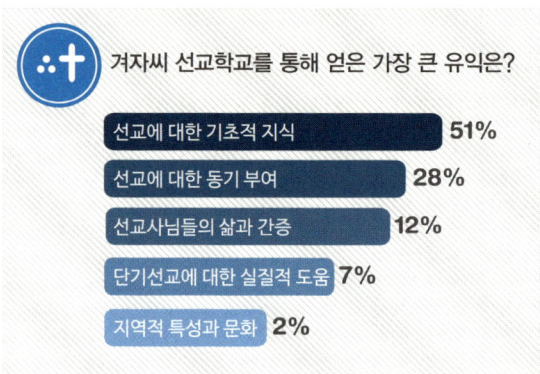

선교학교에 참여했던 리더에게 가장 유익했던 점을 물었다. 절반이 넘는 리더가 선교에 대한 기초적인 지식을 배울 수 있었던 것이 가장 유익했다고 대답했다. 다음으로는 선교에 대한 동기 부여가 되었다는 점, 선교사님들의 삶과 간증을 들을 수 있었다는 점 등을 꼽았다. 결코 길지 않은 한 달의 기간이지만, 이 시간들을 통해 자신도 모르게 세상을 품고 선교해야 할 이유를 발견하고 자원하는 심정이 생겨나는 것이다. 그래서 누군가의 손에 이끌려 나가는 선교가 아니라, 하나님의 부르심에 기꺼이 발

걸음을 내딛는 선교가 시작되는 것이다. 선교학교를 마치고 각 선교팀으로 나뉘어 인솔 교역자의 지도 아래 본격적인 선교 준비가 시작된다. 현지 선교사님과 긴밀히 소통하며 현지에서 요구하는 선교의 방향에 맞추어 다양한 필요들을 채워나간다.

오랜 기간 선교팀을 이끌면서 선교의 열매를 결정짓는 중요한 요소들을 몇 가지 발견할 수 있었다. 선교팀의 온전한 연합, 즉 하나됨이 가장 중요하다. 각 팀원들이 서로 알아가기를 힘쓰고 모두가 섬기는 자가 되어 마침내 하나가 될 때, 그 순간부터 인간의 역사가 아니라 하나님의 역사가 시작된다. 또 기도가 쌓인 만큼 열매도 맺어지게 마련이다. 인간이 아무리 많이 연습하고 노력하고 준비하더라도 기도가 없으면 하나님께서 일하실 공간이 없다. 선교는 강력한 영적 전쟁의 현장이다. 그곳에서 기도가 없다면 필패(必敗)할 수밖에 없다. 또한 철저히 현지 선교사님의 사역에 유익이 되는 선교가 되어야 한다. 선교팀은 2주간의 시간이 지나면 돌아가지만 그 이후는 선교사님 홀로 감당해야 한다. 그래서 우리가 하고 싶은 선교가 아니라, 선교사님의 사역에 초점을 맞춘 선교가 되어야 한다.

10년 전 처음으로 삿포로 도심에 위치한 삿포로국제교회에 단기선교팀을 보내게 되었다. 우리 교회가 파송한 선교사님께서 철저하게 일본인 선교를 펼쳐오셔서 일본 교회 중에서도 가장 주목받는 교회로 성장하였다. 삿포로국제교회의 입장에서도 처음으로 단기선교팀을 받는 것이어서 성도들의 기대도 매우 높았지만, 그만큼 영적 긴장감도 컸다. 일본에는 우상이 8백만 개가 넘는, 가정마다 가정의 신을 따로 섬기는, 선교가 어려운 나라다. 교회를 다니고 예수님을 영접한다는 것은 가문을 배신하는 심각한 행위였다. 그래서 성도들은 매우 외롭게 신앙을 지켜나가고 있었고 가정에서의 갈등으로 인해 힘들어하는 분들이 정말 많았다. 우리 선교팀이 가서 함께 예배하고 함께 전도하면 성도님들이 많은 위로를 받는다.

하지만 삿포로에 처음 가는 선교팀이다 보니 적지 않은 해프닝이 있었다. 우리는 이동할 때마다 눈싸움을 하고 큰 소리로 대화했다. 하루는 경찰이 왔는데 길에서 싸우는 것 같다는 신고를 받았다는 것이다. 삿포로의 눈은 파우더 눈이어서 잘 뭉쳐지지가 않는데, 억지로 뭉치면 돌덩이처럼 단단해진다. 그런 돌덩이를 던지며 싸우는 것처럼 소리를 높였으니 경찰에 신고할 만했던 것이다.

선교를 마무리할 때쯤 팀원들이 아쉬움이 남는다면서 삿포로 제일 번화가에서 워십을 하며 전도하자는 의견이 있었다. 선교사님께 확인을 했어야 했는데, 그 의도가 좋아서 나는 무턱대고 허락을 했다. 아웃리치를 하는 도중 매우 험한 분위기가 만들어져서 다급히 마무리하고 도망치듯 숙소로 들어왔다. 다음날 성도님 한 분이 정말 위험한 일을 했다고 말씀해주셨다. 그곳은 일본 야쿠자가 관리하는 곳인데, 우리가 무턱대고 그 한가운데서 아웃리치를 했던 것이다. 혹 삿포로국제교회와 선교사님에게 불똥이 튀지 않을까 돌아와서 한동안 노심초사했다. 다행히 다른 일은 없었지만 우리의 행동 하나하나가 얼마나 큰 반향을 불러일으키는지를 깨닫는 계기가 되었다. 단기선교는 철저하게 현지 선교사님에게 유익이 될 때 가장 많은 열매를 거두는 것임을 잊지 말아야 할 것이다.

부록에 대학부 겨자씨 선교학교 강의안을 첨부하였다. 대학부 교역자가 강의하는 '단기선교의 실제' 강의안이다. 이를 참고하면 시행착오를 줄이고 단기선교를 보다 실제적으로 준비하는 데 도움이 될 것이다. 강의 동영상은 사랑의교회 대학부 홈페이지(www.saranguniv.org)를 참고하기 바란다.

캠퍼스선교,
죽어도 포기 못해!

2016년 가을, 이화여대에서 운동권 학생들이 아닌 일반 학생들을 중심으로 총장 퇴진을 요구하는 시위가 일어났다. 학생들은 민중가요가 아닌 소녀시대의 노래를 부르며 총장실을 점거했다. 시위의 발단은 총장이 학내 구성원들과 충분한 소통 없이 평생교육 단과대학을 신설하려고 했다는 것이다. 제대로 배움의 기회를 가지지 못하고 직장생활을 하던 사람들에게 대학의 문을 여는 취지라면 좋은 것 아니냐고 나는 이대 학생들에게 말했다. 또 자신들보다 쉽게 자신들의 대학에 들어오는 것을 반대하는 것은 자신들의 기득권을 지키려는 편협한 생각이라고 비판하기도 했다.

그러나 그 이면에는 내가 모르는 너무 엄청난 일들이 숨겨져 있었다. 한 사람을 위해 제도를 바꾸고 심지어 대학 구조를 변경하였다. 그렇게 편의를 봐준 총장과 교수들은 엄청난 특혜를 누렸다. 총장은 심지어 이대가 미션스쿨임에도 불구하고 이대 신학도서관의 기능을 사서도 없는 열람실로 바꾸려고 했다.

1975년 이후로 이대에는 교계에서 파송된 이사가 단 한 명도 없다. 스크랜튼 선교사님이 길에 버려진 여자 아이들을 거두며 가르쳤던 것에서 시작된 이대가 어떻게 이런 지경이 되었는지 정말 가슴 아팠다.

제대로 알지 못하고 비판했던 나는 이대 학생들에게 정말 미안하다고 사과했다. 그리고 함께 학교를 위해 기도하자고 했다. 왜 하나님께서 국가적 혼란을 이대를 통해 드러나게 하셨을까? 그것은 그만큼 이대를 사랑하시고 이대의 회복을 간절히 바라고 있기 때문일 것이다. 그동안 우리 기독청년들이 학점이나 취업 등 자신들의 문제에 함몰되어 영적으로 깨어 있지 못했다. 그래서 하나님께서 세우신 학교가 이러한 지경에 이르렀음을 우리가 먼저 철저히 회개하자고 했다. 이대 학생들에게는 감당하기 힘든 고난의 시간이지만, 오히려 이러한 일들을 통해 우리가 영적으로 깨어 있고 더욱 성숙해진다면, 반드시 하나님께서 캠퍼스를 회복시켜 주실 것을 믿는다. 지금의 고난은 우리의 삶의 터전인 캠퍼스를 우리가 더욱 품고 기도해야 함을 깨닫게 하시는 하나님의 부르심이라고 나는 확신한다.

사랑의교회 대학부는 대학생이 모여 있는 곳이다. 대학생을 양육하고 훈련하며 섬기기 위한 곳이다. 또한 그들의 삶의 터전인 캠퍼스를 선교하는 선교 전초기지라고 생각한다. 캠퍼스 선교를 위한 야전사령부가 바로 우리 대학부가 되어야 한다고 확신한다.

대학부는 단순히 대학생이 모여서 예배하고 말씀 나누고 다시 흩어지는 곳이 아니다. 어떻게 하면 가장 많은 시간을 보내는 학교를 복음화할 것인가? 한 영혼이라도 구원할 수 있을까? 나를 이 학교로 보내신 하나님의 뜻은 무엇인가? 왜 캠퍼스는 항상 세상의 문화가 가장 먼저 물드는 곳이 되어버렸는가? 내가 있는 이곳이 하나님께서 예배 받으시고, 하나님께서 통치하시는 하나님 나라가 되어야 하지 않겠는가? 가장 순수한 20대에 자신들의 삶의 터전인 캠퍼스를 위해 기도하고 행동하지 않는다면, 과연 이들이 취업을 하고 가정을 이룬다고 해서 그때에는 그 삶의 터전을 위해 행동하는 자들이 될 수 있을까? 그래서 대학생 때 캠퍼스를 위해 어떻게 기도하고 고민하느냐가 너무나 중요하다.

리더에게 물었다. 당신은 캠퍼스 복음화를 위해 기도가 필요하다고 생각하십니까? 매우 그렇다 50%, 그렇다 41%, 보통이다 9%, 단 한 명도 아니라고 대답한 리더가 없다. 이단들이 판을 치고 동성애가 자랑이 되는 곳, 한 번뿐인 인생을 마음껏 즐기라고 부추기는 곳, 순결을 얘기하면 의식 없는 고지식한 사람으로 낙인찍히는 곳이 바로 오늘날의 캠퍼스다. 이곳에서 복음을 전하고 크리스천이라고 자신 있게 외칠 수 있는 사람은 얼마나 될까? 우리 리더는 모두가 자신의 캠퍼스를 사랑하고 기도해야 함을 잘 알고 있다. 하나님 앞에 서게 되는 날, 내가 너에게 준 캠퍼스에서 너는 무엇을 하였느냐고 물으실 때 부끄럽지 않기를 모두 소망하고 있다.

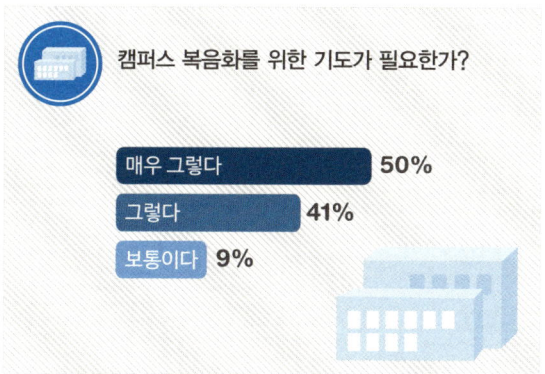

그래서 우리 대학부는 캠퍼스에 복음의 씨앗을 뿌리자는 소망을 담아 'SEED'라는 이름으로 캠퍼스별 기도모임을 10여 년 전부터 이어오고 있다. 지금도 서울 경기 지역에 40개가 넘는 SEED가 활동하고 있다. 대부분의 SEED가 일주일에 한 번씩 모여 자신의 삶을 나누고 학교를 위해 기도하고 예배하는 모임을 이어가고 있다. 보다 적극적으로 복음을 전하기 위해 태신자와 어떻게 관계를 세워가고 있는지, 구체적 실천을 이어가고 있는지를 토론하고 함께 기도하는 SEED들도 생겨나고 있다. 당장 이들에게 무엇을 하라, 행동을 보이라는 것은 너무 잔인한 일이다. 처음 기도했던 것처럼 우리가 우리의 학교를 위해 기도의 씨앗을 심을 때 하나님께서 하나님의 때에 그것을 자라게 하시고 열매를 거두게 하실 것이다. 우리의 때에 보지 못한다고 하더라도 그 열매를 거두는 날이 반드시 올 것이다. 20대에 자신의 캠퍼스를 위해 기도하고 눈물을 흘렸던 자들은 나이가 들고 환경이 달라져도 여전히 자기 자리에서 기도하고 행동하는 신앙인이 될 것을 나는 믿는다. 캠퍼스, 여전히 너무 어렵지만 그래도 결코 포기할 수 없는 선교 현장이다.

군선교,
소그룹으로 약진 앞으로!

흔히들 군대를 선교의 황금어장이라고 한다. 60만 명의 청년들이 세상과 단절되어 있기에 이만큼 집중적으로 선교할 수 있는 곳이 없기 때문이다. 그러나 지금까지의 한국교회 군선교 방식은 물량 공세 위주였던 것이 사실이다. 진중 세례식을 위주로 한 번에 수많은 목회자와 성도가 참여하여 예배드리고 선물을 나눠주는 것이 가장 일반적이다. 이러한 선교활동을 통해 세례를 받고 교회에 출석하는 장병도 적지 않게 생겨났다. 하지만 막대한 예산에 비해 얼마나 효과가 있는지는 선뜻 대답할 수 없는 것이 사실이다. 물론 이렇게 씨를 뿌리면 언젠가는 열매가 맺힐 것이다. 그러나 지금의 방식에 안주하기보다는 더 효과적이고 교회와도 연계되는 실제적인 사역으로 전환해야 할 필요가 있다.

사랑의교회 대학부가 군선교에 관심을 갖게 된 것은 3년이 채 되지 않는다. 교회 내에서 가장 앞장서 전도하는 사랑의전도단의 한 집사님께서 무작정 경기도 부천의 한 부대를 찾아간 것이 그 시발점이다. 군대 내에서 지속적으로 일어나는 사고들을 보면서 저들을 하나님께로 인도할 수 있다면 저렇게 극단적인 선택을 하지 않을 것이라는 믿음을 가지고 무작정 부대를 찾아가셨다. 군교회 목사님의 도움을 얻어 지휘관에게 군생활에 어려움을 겪는 장병들을 만나게 해주면, 엄마의 심정으로 그들을 잘 위로하고 부대 적응을 돕겠다고 제안했다. 당시 군에서는 임병장, 윤일병 사건이 거듭 일어나면서 "내가 죽든지, 아니면 내가 죽이든지 선택해야 한다"는 자조 섞인 목소리가 나올 때였다. 장병들을 관리하는 데 어려움을 겪던 지휘관이 흔쾌히 제안을 받아들였다. 집사님께서는 자신의 대학생 딸을 데리고 매주 부대를 방문하여 장병들의 상처받은 마음을 어루만졌고, 말씀으로 그들을 위로했다. 자연스럽게 장병들이 군교회에 출석하는 열매도 생겨나기 시작했다.

그러던 중 군선교에 관심이 많으신 장로님의 소개로 집사님을 만나 지금까지의 얘기를 듣게 되었다. 지금 말씀으로 양육할 장병들이 너무 많은데 자신이 다 감당할 수가 없다, 그리고 자신은 같은 세대가 아니어서 교제할 때 한계가 있다며 대학부 리더가 이들을 섬겨주기를 요청하셨다. 나는 이 사역이야말로 한국교회가 감당해야 할 새로운 군선교 모델이라는 확신을 가졌다. 그래서 군교회와 협력하여 매 주일 오전 예배를 리더가 함께 드리고 바로 이어서 소그룹으로 진행하여 말씀으로 군인들을 양육하는 사역을 지금까지 이어오고 있다.

초신자에게는 5주간의 새가족반을 진행하고, 새가족반을 수료하면 대학부에서 진행하는 소그룹 교재를 가지고 소그룹 양육을 이어갔다. 매 주일 대학부에서 많게는 40여 명의 리더와 헬퍼가 군선교에 참여하고 있다. 이들이 지난 3년간 섬겨온 장병들의 수는 다 헤아리기 어렵다. 그리고 더욱 감사한 것은 군교회에 큰 힘이 되고 위로가 되었다는 것이다. 목사님과 가족이 힘겹게 교회를 섬겨왔는데, 대학부 지체들을 통해 힘을 얻고 장병들의 예배 참석이 날마다 늘어나는 것을 통해 사역에 기쁨이 더해지고 있다.

대학부에서 새로운 사역을 시작할 때마다 적지 않은 예산이 필요하다. 매 주일 군교회 예배에 참석하는 대학부 지체들의 점

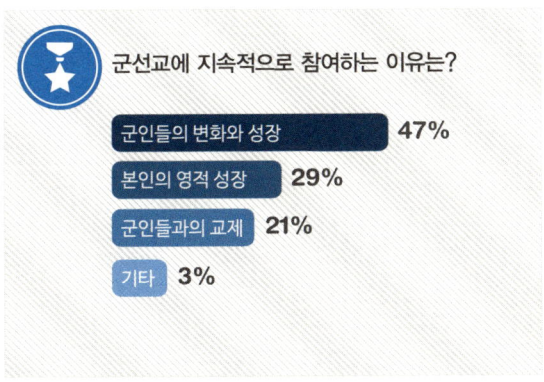

심식대도 군교회에 부담주지 않기 위해 우리가 부담한다. 또한 소그룹 간식도 준비하는데 참여하는 장병들이 많아지면 비용이 증가할 수밖에 없다. 다행히 담임목사님과 장로님들의 적극적인 배려로 예산을 배정하여 대학부 리더가 부담 없이 사역하고 있다.

학기마다 장병들과 함께 체육대회도 열고 수양회에도 회비를 우리가 부담하여 장병들이 참여하고 있다. 이들이 제대하면 자신들의 고향으로 흩어질 것이다. 고향에서 교회를 출석하며 열심히 섬기고 있다는 얘기를 들을 때마다 우리는 더욱 힘이 난다. 우리들의 섬김을 통해 그 어느 교회든 더욱 든든히 세워질 수 있다면 이 사역을 결코 멈출 수 없다.

또한 서울이 고향인 장병들 중에 우리 대학부에 출석하는 지체들이 지속적으로 생겨나고 있다. 이들을 볼 때마다 군선교팀은 더욱 힘을 얻는다. 지금 내가 맡고 있는 대학8부에는 군교회의 담임목사님 딸이 오전에 아버지 교회를 섬기고 나서, 오후에 대학부에 나와 제자훈련까지 받고 있다. 지금은 열심히 씨앗을 뿌리는 시간이다. 언젠가 믿음의 뿌리를 내리고 무성한 가지가 뻗고 헤아릴 수 없이 많은 열매가 한국교회 곳곳에서 맺힐 것임을 우리는 믿음의 눈으로 바라보고 있다.

통일선교,
기도와 눈물로 채운다

대통령 직속 자문회의인 민주평통에서 '통일의 필요성'에 대해 2016년 설문조사했다. 우리 국민 74%가 통일이 필요하다고 답변하였다. 이는 일 년 전보다 8%가 떨어진 것으로 통일의 필요성을 체감하는 이들이 갈수록 적어지는 추세다. 그래서 대학부 리더에게 통일을 위한 기도운동이 필요한지에 대해 물었다. 90%가 넘는 리더가 통일을 위해 기도해야 한다고 대답하였는데, 이는 일반 국민들보다 훨씬 높은 수치다.

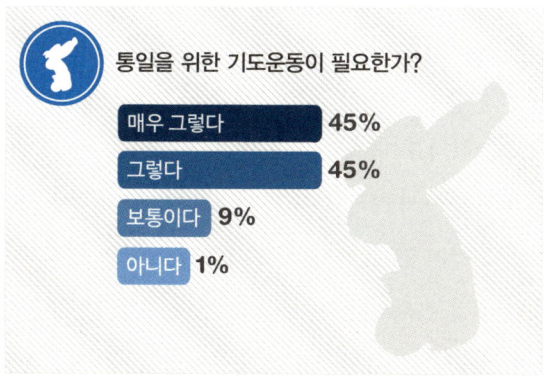

사랑의교회 대학부에는 10년이 넘게 통일을 위해 기도하는 통일선교팀이 있다. 처음에는 북한에서 자유를 찾아온 새터민들을 섬기기 위해 시작되었지만, 이제는 더 큰 비전을 가지고 통일선교로 확대하여 사역하고 있다. 8개의 부서마다 사역의 편차가 있기는 하지만 새터민 자녀들의 학업을 돕고 있으며, 방학 때는 탈북자들의 탈북루트를 따라 걷는 탈북루트 비전트립을 진행하기도 한다. 이제는 부모님을 통해서도 북한에 대한 이야기를 들을 수 없는 세대가 대부분인 만큼 분단 이후의 시간이 너무 많이 흘렀다. 하지만 주위를 둘러보고 조금만 관심을 기울이면 북한 동포들에 대한 가슴 아픈 이야기를 듣게 될 것이다. 우리 교회에는 북한사랑선교부라는 공동체가 있다. 새터민을 위해 세워진 부서로 새터민들의 정착과 신앙적 성장을 돕기 위해 대학부를 졸업한 리더들이 초창기부터 섬겨오고 있다. 대학생이기에 학점과 취업, 결혼에 대한 개인적 기도제목이 넘쳐나지만, 영적으로 깨어 있는 청년들에게는 나라와 민족을 위한 기도가 반드시 흘러나오기 마련이다.

담임목사님께서 부임하시고 얼마 안 되어 대학부 교역자들에게 하신 말씀이 있다. 대학부 교역자라고 해서 대학부 사역에만 함몰되지 말고, 나라와 민족을 위해 보다 더 큰 꿈을 꾸고 섬길 수 있는 사역들을 고민해보자는 것이었다. 우리 사역만 잘 하면 되는 줄 알았는데, 우리 교회가 한국교회와 민족을 섬길 수 있는 사역을 고민해보자는 말씀은 오랫동안 뇌리에서 떠나지 않았다. 그러한 고민을 하던 중 부흥한국과 연결이 되어, 나라와 민족을 위한 기도모임을 함께하기로 마음을 모았다. 그러면서 우리들만의 모임으로 그치지 않고, 전국 곳곳에서 진정한 영적 부흥을 위한 기도운동이 일어나야 한다는 공감대를 공유하였다. 그래서 기도모임의 이름을 '부흥을 위한 연합기도운동 – 서울금요모임'으로 정하였다. 사랑의교회 대학부와 부흥한국 고형원 선교사님이 이끄는 모임, 지역교회와 파라처치가 함께 연합하여 부흥을 위한 기도운동을 이렇게 시작하였다. 서툰 것도 많았지만, 예배를 준비하며 함께 기도하고 먼저 제물 되었던 시간을 10년이 지난 지금도 선명하게 기억한다.

    우리는 처음부터 폐쇄적인 모임이 되기를 경계했고, 누구나 와서 기도할 수 있는 모임으로 열려 있기를 원했다. 그러던 중 탈북자들에 대한 관심이 높아지고 자연스럽게 통일이 가장 중요한 기도제목이 되기 시작했다. 하나님께서 이 모임의 방향을 세워나가시는 것이 더욱 느껴졌다. 우리 한국교회가 먼저 기도하고 회개하여 진정한 영적 부흥이 일어나면, 그제서야 비로소 북한 땅이 열리고 무너진 3,750개의 교회가 다시 회복될 것을 거듭 깨우쳐 주셨다.

그래서 2008년부터는 포로 된 자들이 돌아오는 희년을 의미하는 '쥬빌리통일구국기도회'로 이름을 바꾸고 본격적으로 통일을 위해 기도하는 운동으로 발전하게 되었다. 지금은 80여 개의 단체들이 연합하여 함께 섬기고 있고, 대구, 부산, 제주를 비롯한 전국 9개 지역과 LA, 알래스카, 시드니, 뉴질랜드, 폴란드 등 해외에서도 기도모임이 진행되고 있다.

가장 순수한 대학생과 누구보다 뜨거운 열정을 가졌던 부흥한국이 함께 기도했던 모임을 하나님께서 기쁘게 받으시고, 통일을 위해 고민하고 먼저 제물 되고자 하는 기도운동으로 이끌어주셨다. 시작점에 우리 대학부가 있었지만 이것은 하나님께서 시작하신 것이고 그래서 앞으로도 하나님께서 우리가 생각하고 기대했던 것보다 더 놀랍게 사용하실 것을 확신한다. 통일은 그 누구도 외면할 수 없는 가장 시급한 기도제목이기 때문이다.

멘토링,
신앙 계승 가능하다

교회가 커지고 전문적인 사역과 부서들이 생겨날 때마다 교회에 생기는 가장 큰 어려움은 세대 간의 소통이다. 어른들은 대학부가 어떻게 운영되는지, 요즘 대학생은 어떻게 살아가는지 관심이 많지만 막상 대학생은 그러한 관심이 부담스럽기도 하고 간섭하는 것으로 여기기도 한다. 마치 대화가 단절된 부모와 자식 간의 모습이 교회에도 나타나는 셈이다.

누구보다 이 문제를 고민하던 담임목사님께서 우리 교역자들에게 이를 해결할 수 있는 방안을 가르쳐주셨다. 우리 교회 안에는 여러 분야에서 전문성을 인정받는 수많은 시니어가 준비되어 있고, 이러한 분들의 상당수가 제자훈련과 순장사역을 통해 신앙의 깊이도 깊어서 훌륭한 멘토가 될 수 있다는 것이다. 이러한 분들과 진로에 대한 고민이 가장 큰 대학생을 이어주게 되면, 목회자들이 할 수 없는 부분들까지도 영적 멘토가 되어 학생을 섬길 수 있게 될 것이라고 하셨다.

이를 위해 교회 내 사회적 섬김을 위해 만들어진 NGO 단체인 사랑광주리와 연계하여 '도전하고 도약하는 멘토링'을 런칭하게 되었다. 경상, 인문사회, 이공계, 문화예술, 의료 등의 분야별 전문가 53명을 멘토로 선발하였고, 200여 명의 대학부 학생이 멘티로 참여하였다. 1년간 매달 개별적 멘토링 시간을 갖고, 토크 콘서트를 비롯한 다양한 프로그램을 통해 영적 부모와 자녀의 관계를 이어갔다. 목회자는 필드의 경험이 부족하기에 삶의 모든 영역에서 학생들을 다 보살필 수 없다. 그러나 한 분야에서 일생을 바치고 전문적 지식을 가진 장로님, 권사님, 집사님들은 훨씬 실제적인 도움을 줄 수 있다. 자신들이 먼저 그 길을 걸어가 보았기에 우리 대학생에게 시행착오를 줄이고 자신들보다 좀 더 편안하게 갈 수 있도록 돕는 안내자가 되어준다. 이렇게 멘토링을 통해 장년과 청년이 하나가 되는 것은 한국교회가 겪고 있는 믿음의 세대 단절이라는 문제를 해결할 단초가 될 수 있을 것이다.

그래서 앞으로 우리 대학부는 이러한 멘토링을 오픈하여 한국교회를 위해 섬기고자 한다. 지역교회들이 모든 사역을 다 감당하기에는 한계가 있기 때문이다. 서울, 경기지역에서부터 좋은 멘토들을 모으고, 진로를 고민하는 청년들을 연결하여 한국교회의 새로운 모델을 세우고자 한다. 이를 위해 우리 대학부가 지난 2년간의 경험을 잘 정리하여 보이지 않게 섬길 것이다. 각

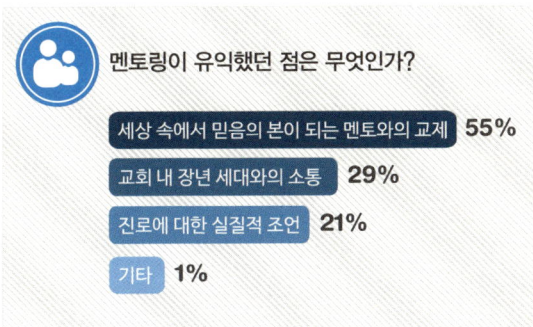

교회에서 열심히 섬기는 청년들이 좋은 멘토를 만나 자신들의 진로가 더욱 구체적으로 세워지게 된다면, 이들이 각 교회의 든든한 허리로 성장할 것이다. 세대 간의 단절을 극복하고 신앙의 계승을 위해 멘토링이 한국교회 청년사역의 새로운 영적 흐름이 되도록 더욱 기도하며 면밀히 준비해 나갈 것이다.

나눔과 섬김 사역,
자랑이 아니라 훈련이다

일반적으로 선교는 타문화권에서 복음을 전도하는 것을 의미한다. 그러나 우리 대학부에서는 해외선교와 구분하여 국내선교팀을 만들어 활발히 사역해오고 있다. 이미 국내와 해외의 구분이 모호한 글로벌 시대를 살아가고 있기에 더 이상 선교와 전도를 나누는 것이 무의미하다. 또한 바로 우리 곁에도 돌아보아야 할 연약한 자들이 너무 많다. 일례로 총신대에는 낙도선교회가 왕성하게 활동하고 있다. 전국에 250여 개의 무교회 섬들이 있는데, 그곳 주민들 중 한 번도 복음을 들어보지 못한 분이 적지 않다. 그래서 배를 빌려 전국 해안을 돌며 선교사역을 펼쳐오고 있다.

대학을 다니는 시기에 누군가를 섬기고 복음을 증거하는 것을 경험하지 못한다면, 취업을 하고 가정을 이루고 나면 더더욱 섬김의 기회가 사라진다. 그래서 청년의 시기에 경험하는 농활, 섬활과 같은 국내선교가 섬김의 훈련이라는 측면에서 매우 중요하다. 사랑의교회 대학부에서는 8개 부서가 길게는 20년 이상 농촌교회와 협력하여 일손을 돕고 복음을 전하는 농촌활동을 이어오고 있다. 실제로 대학3부는 강원도 화천군 풍산교회와 23년째 농활사역을 이어오고 있다. 초창기부터 힘 있게 풍산교회와 사역할 수 있었던 것은 농촌목회에 남다른 비전을 가지셨던 풍산교회 담임목사님의 헌신과 도움이 있었기 때문이다. 마을을 돌며 미리 일손이 필요한 가정들을 섭외하셨고, 우리도 화천에 도착하면 새벽부터 저녁까지 열심히 농사일을 도왔다. 처음에는 단 한 가정도 교회에 출석하지 않았지만, 10년이 넘게 한결같이 섬기러 오는 대학생에게 감동을 받아 한 가정씩 차츰 교회에 나오기 시작했다. 처음에는 씨를 뿌리는 어려운 시기였지만, 10년이 지나 열매가 맺히는 것을 후배들이 보면서 농활사역은 더욱 힘을 얻게 되었다.

국내선교를 통해 얻은 유익이 무엇인가?

- 섬김을 통해 그리스도의 사랑을 전할 수 있어서 **57%**
- 농촌교회를 도울 수 있어서 **16%**
- 섬김을 통해 대학부 소속감이 깊어져서 **15%**
- 변화되는 주민들을 지켜볼 수 있어서 **8%**
- 기타 **3%**

화천에서 지속적으로 섬겨오던 가정 중에 모두가 힘들어하는 가정이 있었다. 식용개를 사육하는 가정인데, 어르신 말씀이 너무 거칠어서 우리 청년들에게도 말을 심하게 하셨다. 그래서 그곳에 가는 자매들마다 눈물을 흘리고 돌아오기 일쑤였다. 그럼에도 불구하고 묵묵히 10년이 넘게 그 가정을 섬겨왔는데, 한번은 그동안 너무 감사하다면서 개 한 마리를 잡아서 맛있게 먹으라고 선물해주셨다. 하루 일을 마치고 떠날 때에도 고맙다는 말 한마디 없으셨던 분인데 이렇게 선물까지 해주셨다는 것이 모두가 믿기지 않았다. 이처럼 지금 당장이 아니라 하더라도 하나님의 때가 차면 반드시 구원하게 하실 것을 우리는 매번 경험하고 있다. 그래서 농활은 섬김의 기쁨이 무엇인지를 깨닫게 하시는 하나님의 선물이다.

8개의 대학부가 힘을 모아 이웃을 섬기는 연합 사역 중 두 가지를 소개하고 싶다. 부활절을 맞아 진행되는 '부활절 생명나눔운동'과 성탄절에 맞추어 진행하는 '사랑의 연탄나눔'이다. 부활절 생명나눔운동은 2011년부터 시작되었는데, 고난주간에 하루 한 끼 금식하거나 커피 한 잔을 줄인 비용을 이웃사랑을 실천하는 데 헌금하는 것이다. 5,000원 남짓의 돈이지만 이것을 모아 부활절의 의미에 맞게 고통 속에 있는 어려운 사람들에게 생명을 나누고 있다. 주로 어려운 형편에 놓인 아이들을 섬겨왔는데, 그 취지가 너무 좋아서 거의 모든 대학부 청년이 자발적으로 참여하고 있다. 2015년에는 한 대학부가 후원하던 미얀마 현지인 목사님의 요청을 받아 고아원 건축을 지원하였다. 그 이후에 건물은 세워졌지만 학업을 할 수 있는 환경을 갖추지 못하고 발전기도 없어 새로운 건물에 들어가지 못하고 있다는 소식을 들었다. 그래서 다시 한 번 헌금을 하였고 지금은 새로운 건물에서 40여 명의 아이들이 학업을 이어가며 말씀으로 양육되고 있다. 이들이 훗날 이제 막 민주주의가 시작된 미얀마를 이끌어갈 영적 지도자로 세워질 것이 벌써 기대된다.

부활절 생명나눔운동 발자취
- 2011년 신경모세포종 어린이 환자 수술비 지원(2,100만 원)
- 2012년 필리핀 '빛과삶센터' 영아생존 프로그램 지원(1,650만 원)
- 2013년 베트남 이주노동자 부부 신생아 출산과 생활 지원(1,430만 원)
- 2014년 미혼모 미숙아(무뇌수두증, 심박중격결손) 수술비 지원(1,600만 원)
- 2015년 미얀마 양곤 고아원 건축비 지원(1,527만 원)
- 2016년 미얀마 고아원 건축비 추가 지원 및 학업시설 구축(1,294만 원)
- 2017년 미얀마 성경보내기 프로젝트(1,522만 원)

우리 교회가 위치한 강남에도 겨울을 나기 어려운 이웃들이 존재한다. 개포동에 위치한 무허가 판자촌, 일명 '구룡마을'이라는 곳이다. 연탄 한 장이 없어 추운 겨울을 힘겹게 나야 하는 이웃에게 그리스도의 사랑을 전하기 위해 2008년부터 '사랑의 연탄나눔'을 이어오고 있다. 누군가는 구룡마을 주민들 중 비싼 외제차를 타면서 개발이익을 노리는 사람들이 있는데, 그들을 돕는 게 말이 안 된다고 얘기하기도 한다. 하지만 일부 사람들 때문에 대다수의 연약한 자들을 돕지 않는 것도 말이 안 된다. 그래서 마을 자치회와 협력하여 최대한 누수되지 않고 꼭 필요한 가정에 연탄이 전달되도록 노력하고 있다. 매년 500여 명의 대학부 청년들이 영하의 기온에 줄을 이어가며 연탄을 나르고 있다. 얼굴이 시커멓게 변하고 코에는 연탄재가 쌓이지만, 이 연탄 한 장이 가져올 기쁨을 상상하며 섬김을 이어오고 있다.

사랑의 연탄나눔 발자취

- 2008년 구룡마을 88가구 연탄 4,400장 전달(참여인원 510명)
- 2009년 구룡마을 309가구 연탄 15,450장 전달(참여인원 540명)
- 2010년 서울 쪽방촌 162가구 연탄 16,200장 전달(참여인원 520명)
- 2011년 구룡마을 313가구 연탄 35,400장 전달(참여인원 740명)
- 2012년 구룡마을 489가구 연탄 50,000장 전달(참여인원 780명)

- 2013년 구룡마을 165가구 연탄 26,500장 전달(참여인원 510명)
- 2014년 구룡마을 160가구 연탄 16,000장 전달(참여인원 480명)
- 2015년 구룡마을 100가구 연탄 15,000장 전달(참여인원 450명)
- 2016년 구룡마을 154가구 연탄 15,400장 전달(참여인원 530명)

요즘 대학생은 너무 자기중심적이어서 나누고 섬기는 데 인색하다는 비판을 자주 듣는다. 그러나 대학생의 삶을 조금만 들여다보면 섬기고 싶어도 제대로 섬길 수 있는 기회가 없었다는 것을 금방 알 수 있다. 그래서 섬김의 의미를 가르쳐주고, 제대로 섬길 수 있는 기회를 만들어주면 기꺼이 자신의 시간과 주머니를 나눈다. 누군가가 강요하지 않아도, 어려운 형편에 처한 이들의 상황을 나누기만 해도 이미 청년들의 마음은 그들에게 닿아 있다. 네 이웃을 네 몸과 같이 사랑하라는 그리스도의 가르침을 실천할 수 있는 섬김의 장을 교회가 제대로 열어줄 수만 있다면 그 이후에는 복음의 감격을 경험한 청년들이 더 아름다운 이야기들을 써나갈 것이라고 나는 확신한다.

에필로그

다시
근원으로 돌아가자

종교개혁

2017년 10월 31일이면 종교개혁 500주년이다. 중세 가톨릭교회는 십자군 전쟁의 여파로 텅 빈 교황청 금고를 채우기 위해 면죄부를 남발했다. 이에 맞서 구원은 오직 하나님의 은혜로, 또 오직 믿음으로 받는다고 확신한 마르틴 루터는 비텐베르크 성당에 95개조 반박문을 붙이며 종교개혁의 불씨를 당겼다.

독일 지방소도시의 한 수도사가 세계 최고의 권력을 가진 교황에게 당당히 맞설 수 있었던 힘은 바로 말씀에서 나왔다. "오직 의인은 믿음으로 말미암아 살리라"(롬 1:17). 하나님의 말씀에는 그 어디에도 인간이 인간의 죄를 사할 수 있다는 것을 찾을 수 없었다. 면죄부도, 연옥도, 고해성사도 성경의 근거를 찾을 수 없었다. 그래서 마르틴 루터는 사제들만 가지고 있던 성경을 모든 성도에게 돌려주었다. 교회에서 파면당하고 도망자의 신분이 되었지만 1년 만에 라틴어 성경을 독일어로 번역하였다. 그 어떤 경우에도 교회가 말씀보다 위에 설 수 없다는 것을 분명히 보여주기 위함이었다.

500년이 지난 지금 개신교회는 얼마나 달라져 있을까? 성도의 손에 성경이 들려 있지만, 정작 하나님의 말씀에 온전히 순종하는 자들은 얼마나 있을까? 한국교회의 위기를 가져온 원인은 다양하겠지만, 가장 큰 이유는 성경의 권위가 사라져버린 것이 아닐까?

가르쳐지키게하라

나는 어릴 때부터 목회자가 되겠다는 꿈을 한 번도 바꾼 적이 없다. 그러나 신대원을 진학하고 첫 사역지에 부임하였을 때 내가 얼마나 준비되지 않은 목회자인가를 뼈저리게 느꼈다. 한 부서를 맡게 되면 어떻게 사역해야겠다는 계획이 나에게는 전혀 없었던 것이다. 젊고 패기 있는 전도사가 왔다고 기대하던 성도들에게 한없이 미안하고 부끄럽기만 했다.

그때 나의 가슴을 때리던 충격적인 말이 있다. "나에게는 평생 흔들 깃발이 있는가?" 그때 나는 그저 비어 있는 자리를 메우는 사역자에 그쳤다. 어느 자리에 가든 흔들림 없이 평생 붙잡을 목회철학이 나에게는 없었다. 이런 나를 불쌍히 여기신 하나님께서 사랑의교회 대학부로 사역지를 옮겨주셨다. 신실한 선배 교역자들에게서 사역의 열정을 배웠다. 그리고 하나님의 말씀으로 빚어진 대학부 리더들을 통해 양육의 진가를 보았다. 15년이 지난 지금 나는 평생 흔들 깃발을 발견하였다. 이번 책을 준비하며 리더들의 말에 귀 기울이며 계속 곱씹어보았다. 교회의 본질, 목회의 본질은 말씀이었다. "가르쳐 지키게 하라"는 예수님의 마지막 가르침에 다시 돌아가야 한다.

말씀이 사라진 것 같은 시대지만 여전히 청년들은 말씀에 굶주려 있다. 성경을 손에 들려주기만 하고 더 이상 책임지지 않았기에 말씀의 능력이 나타나지 않는 것이다. 주일예배를 통해 30분 남짓 설교를 듣는 것만으로는 말씀이 삶의 변화로 이어지기 어렵다. 예수님께서는 제자들과 3년 동안 동거하며 말씀을 전하시고 자신이 먼저 삶으로 본을 보이셨다. 우리 청년들도 여전히 500년 전 마르틴 루터만큼이나 말씀을 배우고 싶어한다. 말씀이 들어가면 삶의 열매는 자연스레 맺히기 마련이다.

아드 폰테스(AD FONTES)

종교개혁의 기치로 내걸었던 "다시 근원으로 돌아가자"라는 구호가 500년이 지난 지금 우리에게 훨씬 더 절실하다. 기독교 신앙의 근원은 하나님의 말씀이다. 세상이 듣고 싶어하는 어설픈 위로가 아니다. 세상을 두려워하며 내는 타협한 언어도 아니다. 하나님의 말씀을 있는 그대로 전해야 한다. 청년들에게 가감 없이 하나님의 말씀을 가르친다면 이들이 제2의 종교개혁의 주인공이 될 것이라 나는 확신한다. 이들이 통일한국 시대에 제2의 평양대부흥을 일으키는 주역이 되리라 확신한다.

여호와의 말씀이 희귀하였던 엘리 제사장의 시대에도 하나님께서는 말씀에 순종했던 사무엘을 준비시키셨다. 말씀은 넘쳐나지만 순종이 사라진 오늘도 하나님께서는 말씀에 순종하며 말씀으로 무장된 청년들을 준비하셔서 다시 한번 한국교회를 밝히고 일으켜주실 것이다.

1. 대학부 양육 구조도
2. 제자학교 A과정 오리엔테이션
3. 제자학교 A과정 1강 강의안
4. 제자훈련 오리엔테이션
5. 겨자씨 선교학교 강의안
6. 좌담회

대학부 주요 훈련에 대한 강의안 등을 첨부한다. 개 교회의 형편에 맞게 청년들을 세우는 데 사용되기를 바란다. 더 자세한 자료는 사랑의교회 대학부 홈페이지(www.saranguniv.org)에 있다.

| 부록1 |

대학부
양육 구조도

1. 새가족반

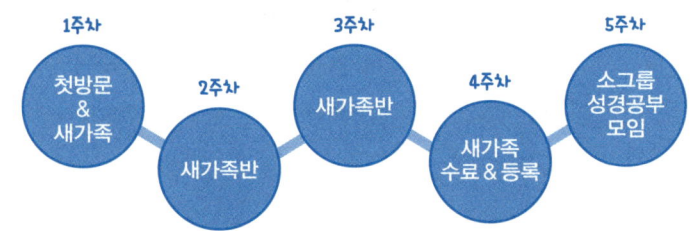

2. 훈련 구조

|부록2|

제자학교 A과정 오리엔테이션

1. 목적

제자훈련 1단계 과정으로 "복음, 말씀묵상, 예배, 공동체, 기도, 전도와 선교" 등에 대한 기본 개념을 배우고 정리하며, 소그룹 활동을 통해 공동체성을 함양합니다.

2. 강의 일정과 과제

주차	과목	강사	과제 (제출해야 합니다)
1	복음과 제자도	엄장윤 목사	오리엔테이션
2	말씀묵상(QT)	이기호 전도사	-
3	예배	박요한 목사	독서과제1(교회…)
4	기도	김세형 목사	QT제출
5	공동체	박단열 목사	QT제출 독서과제2(길)
6	전도와 선교	박정욱 목사	QT제출

3. 기간

- 토요반 : 3월 5일(토) ~ 4월 9일(토)
- 화요반 : 3월 8일(화) ~ 4월 12일(화)

※ 중간고사 기간 후 B과정 시작

(화요반부터!! : 4월 26일, 토요반 : 4월 30일)

4. 당일 시간표

화요반(저녁)	내용	토요반(오전)	비고
6:00-7:00(60)	제자학교 준비	8:00-9:00(60)	출석체크는 시작 20분 전부터
7:00-7:20(20)	찬양	9:00-9:20(20)	
7:20-8:30(70)	주제 강의	9:20-10:30(70)	화요반 저녁 08:05 이후 결석 처리 토요반 오전 10:05 이후 결석 처리
8:30-8:45(15)	광고&휴식	10:30-10:45(15)	
8:45-9:30(45)	소그룹 활동	10:45-11:35(50)	소그룹 출석체크 진행
9:30-9:40(10)	마무리	11:35-11:45(10)	

5. 과제물

독서 과제 (간단 독후감)

1) 과제 도서

『교회 다니면서 그것도 몰라?』(조성돈, 국제제자훈련원, 2010)

제출일자 : 화요반 03월 22일 / 토요반 03월 19일

『길』(옥한흠, 국제제자훈련원, 2003)

제출일자 : 화요반 04월 05일 / 토요반 04월 02일

2) 작성 방법

- ① 내용 요약 ② 새롭게 알게 된 점이나 느낀 점
- 모든 과제물 상단에 "부서, 조번호, 학년, 이름, 연락처" 반드시 기입

- 분량 : A4 1장, 글자 10포인트, 줄간격 160%, 여백 조정하지 말 것.
3) 제출 방법
   - 출석체크할 때 제출
   - 온라인 제출은 없습니다

신앙생활 관련 과제
1) QT 제출(주 1회분) - 날마다 솟는 샘물로 통일하며, 매주 1회분만 복사하여 제출, 상단에 부서, 학년, 이름 기재
2) 조별 과제 : 양화진 선교사묘역 조별 방문 후 인증샷 대학부 페이스북에 올리기(부서 / 조번호 / 참석자 이름 모두 기재!)

6. 수료 기준

1) 출석 (미수료 : -2점)
   - 결석 1회 : -1점
   - 지각 1회 : -0.5 점
   # 교차수강 제도 : 시험 및 소속 대학부 부서 전체의 공식적인 사역과 겹치는 경우, 그 주의 화요 또는 토요반으로 교차수강 가능합니다.
   - 교차수강 시 출결데스크에서 교차수강 확인증을 발부받아야 합니다.
   - 그다음 주차에 본래 소속된 반에 확인증을 제출해야 출석으로 인정됩니다.
   - 부서 전체행사 사유로 출석 및 교차수강이 불가한 경우에 한하여, 부서 교육간사로부터 해당 인원의 명단을 일괄적으로 교부받아 출석 인정합니다.
2) 모든 과제물 반드시 제출
   - 독서 과제 2회
   - QT 4회 - 조별 과제 (필수)

| 부록 3 | 제자학교 A과정 1강 강의안

복음과 제자도

복음 - 하나님의 한결같은 사랑

1. 성경은 하나의 스토리 : 창조 → 타락 → 구속사 → 새 창조

2. 창조 : "태초에 하나님이 천지를 창조하시니라"(창1:1)
- 하나님 : 전능하시고 절대적이며 만물의 창조주이신 유일하신 하나님이 질서와 계획을 가지고 세상을 창조하셨다. 창세기 1,2장에서는 특별히 인격적인 하나님을 언급하는데, 인간과 인격적인 관계를 맺고 있는 분이시다.
- 세상 : 창조된 세상은 하나님이 보시기에 좋았고, 하나님에 의해 어떤 계획을 갖고 창조되었다. 세상에 악이란 본질적으로 존재하지 않았고, 인간의 죄 때문에 악이 들어왔다.
- 인간 : 하나님이 인간을 그의 형상대로 지으셨기 때문에 다른 피조물과는 달리 독특한 존재가 되었다. 하나님은 인간을 자신의 대행자, 권한을 갖고 있는 청지기로 창조하셨으므로 인간은 이 세상의 모든 자원에 대해 책임 있는 존재이기도 하다.
- 하나님의 계획 : 하나님은 세상을 계획 아래 창조하셨는데, 그것은

인간을 세상에 거주하게 하여 세상을 다스리도록 하기 위함이었다.

3. 타락 : 창조는 선교의 출발점이며 이 세상을 위한 하나님의 계획이다. 그러나 피조물의 비극적인 타락의 결과 하나님과의 교제가 단절되며 모든 계획이 어긋나 버렸다. 죄는 인격적인 하나님에 대한 고의적인 반역이요, 그분의 분명한 명령에 대한 불순종이요, 겸손한 의뢰심을 뿌리치고 인간의 독립과 자기만족을 획득하려는 노력이었다. 즉, "죄는 인간의 독립의지이고 자기주장이다." 죄의 결과는 ① 자연과의 투쟁, ② 고통으로서의 노동, ③ 육체적 죽음, ④ 영적 죽음이다. 인간은 스스로의 능력으로 죄의 문제를 해결할 수 없고, 오직 하나님만이 죄의 문제를 해결하실 수 있다.

4. 구속사
- 하나님과 이스라엘(이스라엘을 통한 하나님의 선교)
- 예수 그리스도의 오심(예수 그리스도를 통한 하나님의 선교)
- 교회(교회를 통한 하나님의 선교)
- 예수 그리스도의 다시 오심(하나님의 선교 완성)

사랑의교회 대학부의 핵심 가치
- 철저한 제자훈련을 통해 배출된 리더를 통한 영적 재생산 구조
- 핵심 가치는 훈련이며 제자학교는 그 첫 단추다.
- 새가족반 - G.B.S. - 제자학교   - 제자훈련 - 리더훈련

제자훈련이란?
- 제자훈련이란 그리스도를 따른 경험이 더 많은 자가 예수 그리스도

를 주님으로 알며 순종하는 데 필요한 기본적인 방법들과 헌신과 이해를 새신자와 함께 나누는 기본적인 상호 관계의 과정이다(Stanley & Clinton).
- 제자훈련이란 지킬 때까지 가르치는 것이 제자훈련이다(옥한흠).

성경이 말하는 제자의 의미

- 성경에는 제자라는 말에 대한 특별한 정의가 없다. 대신 제자라고 불리는 사람의 인격과 삶을 이야기하는 내용이 가득하게 들어 있다.
- 구약에서 제자라는 말은 2번 등장한다(사 8:16; 대상 25:8).
- 신약에서 제자라는 말은 사복음서와 사도행전에서 약 250회 등장한다.
- 마태복음 25:27, 28:19에서는 제자라는 말을 12제자에게 한정하지 않는데, 원어에서는 '제자가 되다', '제자를 만들다'는 동사형으로 되어 있다. 이는 제자라는 이름이 12사도뿐만 아니라 앞으로 그들을 통해 하나님의 백성이 될 모든 사람에게 확대되어 적용할 것으로 내다보는 것이다. 즉 제자라는 말이 오늘날 교회의 사도성을 나타내는 상징적 의미를 가진다는 뜻이다. 예수님의 12제자로 끝나는 것이 아니라, 예수 그리스도를 영접하는 모든 세대가 예수 그리스도의 제자이며, 예수 그리스도의 인격을 닮고 그의 사역을 이어 받아야 할 진실된 제자가 되어야 함을 의미한다.
- 반면 마가는 제자를 12명의 제자들에게 한정한다. 요한은 8:31에서 누구나 그의 말씀 안에 거하면 제자가 된다는 넓은 의미로 사용한다. 누가는 사도행전에서 예수 믿는 사람이면 누구에게나 주저하지 않고 제자로 부르는데, 교회 안에 들어온 모든 신자를 제자로 부

른다.
- 서신서로 넘어가면서 제자라는 용어가 사라지고, '온전한 자 혹은 완전한 자'(고전 14:20; 엡 14:12; 딤후 3:17)라는 말로 대체된다. '온전한'은 원래 "뼈를 제자리에 맞추어 넣는 것"을 뜻하는 단어로, 예수님을 닮아가는 성숙함을 의미한다. 온전한 자가 된다는 것은 바로 예수님처럼 되고 예수님처럼 살기를 원하는 제자들을 가리키는 말과 동일하다. 즉 '제자'라는 말이 '온전한 자'로 대치된 것이다.
- 성경이 말하는 진정한 제자란? : 예수님을 구주로 고백하고, 예수님을 날마다 닮아가고, 남은 인생을 예수님을 위해 기꺼이 바치는 자가 바로 제자이다. 예수님의 제자가 된다는 것은 곧 예수님처럼 된다는 것이다. 끊임없이 노력하는 자가 되는 것이다.
- 옥한흠 : 예수님이 요구하신 제자도의 길은 모든 크리스천에게 적용되는 교훈이다. 비록 모든 신자에게 똑같은 대가를 요구하지 않는다 하더라도, 일단 예수를 믿게 되었다면 예수의 제자가 되는 길을 걸어야 한다. 이는 모든 족속으로 제자를 삼으라고 하신 예수님의 지상명령과도 일치한다. 그러므로 제자의 길은 예수님을 믿는 모든 사람이 걸어가는 길이요 또 걸어가야 하는 길이다. 다만 모든 믿는 자가 다 제자임에 틀림없지만 한 가지 분명한 사실은 제자의 삶에 있어서 정도의 차이는 나타날 수 있다는 것이다. 그러므로 예수를 주님으로 고백한 사람들은 새삼스럽게 제자가 되기 위해 훈련을 받는 것이 아니고 이미 제자이기 때문에 훈련을 받아야 한다. 그래서 교회 안에서 계속 강조해야 할 점은 제자로 부름받은 사람은 한 자리에 가만히 있으면 안 되고 계속 성장하고 성숙해야 한다는 것이다.

제자훈련의 대헌장 - 至上命令

예수께서 나아와 말씀하여 이르시되 하늘과 땅의 모든 권세를 내게 주셨으니 그러므로 너희는 가서 모든 민족을 제자로 삼아 아버지와 아들과 성령의 이름으로 세례를 베풀고 내가 너희에게 분부한 모든 것을 가르쳐 지키게 하라 볼지어다 내가 세상 끝날까지 너희와 항상 함께 있으리라 하시니라 (마 28:18-20)

- '제자를 삼으라', '가라', '세례를 주고', '가르쳐 지키게 하라'의 4개 동사가 서로 연관되어 지상명령을 이루고 있다. 이 가운데 '제자를 삼으라'만이 명령형 주동사이고, 나머지 3개의 동사는 분사형으로 주동사를 수식하는 역할을 하고 있다. 그러므로 '제자를 삼으라'는 명령형이 대사명의 목적이 된다. '가라'는 분사는 예수님의 명령을 듣고 떠나는 제자들의 모습을 서술한 것이며, '모든 족속으로'는 유대인들의 선민사상을 뛰어넘어 온 세상 구석구석까지 구원의 복음을 전파해야 함을 나타낸다. '세례를 주고'라는 분사는 복음을 받아들이고 제자가 되겠다고 하는 사람들에게 세례를 베풀도록 명령하신 것이다. '가르쳐 지키게 하라'는 분사는 제자들이 예수님께 가르침을 받고 제자로서의 역할을 감당하듯이 앞으로 계속해서 제자들을 만들고 세울 것을 명령하신 것이다.
- 예수님께서는 지상명령을 지켜 순종하는 자에게 약속을 주셨다. "볼지어다 내가 세상 끝날까지 너희와 항상 함께 있으리라." 이 약속은 항상 그의 명령을 수행하는 자들에게 적용될 것이고, 제자훈련을 가능하게 하는 능력의 근거가 된다. 이 지상명령에 따른 제자훈련은

인간적인 방법론이 아니라 성경에 근거를 둔 예수 그리스도의 명령이고, 제자훈련을 통해 세계를 복음으로 회복하는 것은 예수님의 마지막 명령이기에, 세상의 끝이 오기 전에는 결코 중단될 수 없는 명령이다.

 * 본 강의안은 『세계선교출발』(로빈 톰슨, IVP)과 『평신도를 깨운다』(옥한흠, 국제제자훈련원)에서 주로 발췌하였습니다.

| 부록 4 |

제자훈련 오리엔테이션

1. 개요

제자훈련 기간 : 2016년 9월 - 2017년 7월

모임시간 : 매주 수(pm 7:00 - 10:00, S1007호)

              토(am 9:00 - 12:00, S1010호)

교재 : 『대학부 제자훈련 교재』(1, 2권), 『날마다 솟는 샘물』, 『어? 성경이 읽어지네』(두란노), 그 외 여러 권의 신앙서적

2. 제자반 모임 규칙

1) 시간 엄수 : 훈련시간 15분 전에 와서 기도로 준비할 것
2) 지각, 결석 절대금물 : 2번 이상 무단결석하면 제적. 벌금은 지각 3천원, 결석 1만원. 숙제 안 해 온 것마다 누적해서 1천원을 회계에게 납부
3) 훈련장소 : 교회
4) 훈련에 집중하기 위해 학교 동아리나 교회 봉사활동을 정리할 것. 생활을 단순화시킬 것. Simple Life!!!
5) 개인 신상에 특별한 일이 생기면 교역자에게 즉시 연락할 것

6) 주일 예배, 대학부 집회와 행사(수련회, 농활, 섬활 등)에 빠짐없이 참석할 것
7) 제자훈련 기간 동안 반드시 1명 이상 복음을 전하여 예수님을 영접하게 할 것
8) 제자반 하는 날은 아프지도 말고 죽지도 말 것
9) 기도 후원자 2명을 선정하여 명단 제출할 것
10) 제자반 시간 직전에 전화로 급한 사정이 생겼다고 말하지 말 것(일방적으로 통보하지 말고 반드시 미리 상의할 것)
11) 제자훈련생 간에 훈련기간 중 이성교제 및 금전관계는 절대 하지 말 것. 알게 되는 즉시 제적(그 이후는 교역자와 상의 바람)
12) 토비새, 금요기도회, 주일예배중보에 월 1회 이상 참여하여, 기도의 훈련을 지속할 것
13) 교회와 대학부의 섬김의 요청이 있을 때 기쁨으로 섬김의 훈련에 동참할 것
14) 팀과 GBS에서 Helper로서의 역할을 충실히 감당하고, GBS 예습도 빠짐없이 해올 것
15) 제자훈련 중에는 반드시 사역팀에 소속되어 활동할 것

3. 준비물
NIV 영한대역 성경, 교재, 성경암송카드, 『어? 성경이 읽어지네』

4. 매주 해야 할 것
예습, 성경읽기, 암송 3구절, 중보 기도(기도카드와 제자반 기도제목), 시간계획표 제출, 독서과제 요약문

5. 예습
- 하루 전에 하지 말고 매일 조금씩 하라
- 훈련생들끼리 주중에 과제점검을 하라
- 예습과 모임시간에 사용하는 펜의 색깔을 달리하라
- 교재의 빈칸은 꽉 채워온다

6. 반 운영
- 총무, 회계, 간식, 중보기도 담당 선정
- 주소록 작성, 제자반 기도카드 제작
- 제자반 이름 짓기

7. 훈련할 때 예상되는 시험
1) 숙제에 대한 부담감 - 숙제는 성장의 사닥다리다, 시간 관리를 철저히 하라.
2) 가정의 어려움 - 미리 예방하는 기도를 하라.
3) 자기 자신과의 싸움 - 옛 생활 습관, 게으름, 상처받은 마음, 욕심, 시간에 쫓김, 건강문제, 훈련방식에 적응 못하는 것
4) 훈련생끼리의 시험
5) 다른 반과의 비교
6) 교역자에 대한 시험
7) 제자반 기간에 시험이 닥칠 수 있다. 그러나 그것은 걸림돌이 아니라 우리의 성장을 위한 발판이다. 시험을 이기고 승리하는 신앙을 배우자.
8) 개강 날 가져와야 할 숙제 - ① 신앙간증문 A4 1장 반 이내(예수

님 만나기 이전의 삶. 예수님을 인격적으로 만난 경험. 예수님을 만난 이후의 변화된 삶, 하나님의 영광을 위한 삶의 다짐) ② 독서감상문 '너무 바빠서 기도합니다' A4 1장 이내(핵심 요약, 삶의 적용, 친구에게 추천한다면) ③ 시간계획표 ④ 60구절 A파트 1, 2, 3 암송 ⑤ D형 QT 제출

9) 개강일 - 토요반(9월 3일), 수요반(9월 7일)

| 부록 5 | 겨자씨 선교학교 강의안

단기선교
A to Z

1. 누가 선교하는가?

- 최초 선교사 : 아담

  하나님이 그들에게 복을 주시며 하나님이 그들에게 이르시되 생육하고 번성하여 땅에 충만하라, 땅을 정복하라, 바다의 물고기와 하늘의 새와 땅에 움직이는 모든 생물을 다스리라 하시니라(창 1:28)

- 국가적 선교 : 이스라엘

  너희가 내게 대하여 제사장 나라가 되며 거룩한 백성이 되리라 너는 이 말을 이스라엘 자손에게 전할지니라(출 19:6)

- 최초 단기선교 : 열두 제자

  예수께서 열두 제자를 불러 모으사 모든 귀신을 제어하며 병을 고치는 능력과 권위를 주시고(눅 9:1)

  제자들이 나가 각 마을에 두루 다니며 곳곳에 복음을 전하며 병을 고치더라(눅 9:6)

- 예수님의 선교 : 제자되고 제자 삼으라

  그러므로 너희는 가서 모든 민족을 제자로 삼아 아버지와 아들과 성령의 이름으로 세례를 베풀고 내가 너희에게 분부한 모든 것을 가르쳐 지

키게 하라 볼지어다 내가 세상 끝날까지 너희와 항상 함께 있으리라 하시니라(마 2:19-20)

　: 주동사 - 제자 삼으라 / 분사 - 가라(떠나는 행동), 세례를 주고(예수님 영접), 가르쳐 지키게 하라(재생산)

　: 대상 - 모든 민족(선민사상을 뛰어넘어 구석구석 땅 끝까지, 바울은 로마와 스페인)

- 먼저 필요한 것 : 성령충만

　볼지어다 내가 내 아버지께서 약속하신 것을 너희에게 보내리니 너희는 위로부터 능력으로 입혀질 때까지 이 성에 머물라 하시니라(눅 24:49)

　: 오순절 성령강림 / 모이면 예배함, 흩어지면 전도함, 다시 성령충만함, 다시 예배함, 다시 전도함

- 누가 선교해야 하는가? 어떻게 선교해야 하는가?

2. 단기선교는 필요한가?

- 단기선교는 통상 2년 미만의 기간 동안 타문화권(특히 해외)에서 전도 성격의 일을 하는 것이다.
- 선교 실습훈련, 현지 선교사 협력, 박애주의적 봉사, 선교비전 점검 등을 위해 유용하다.
- 선교사님들과의 긴밀한 협력이 핵심이다.

3. 출발 전 준비/점검할 것들

- 현실적 비용이 정확히 얼마나 필요한지를 확인한다. 항공/교통비, 여권/비자발급비, 숙식비, 프로그램 진행비, 현지 선교사/도우미 사례비, 문화체험비, 사후 관리비 등

- 개인/공동 비용을 어떻게 마련할 것인지를 결정한다. 재정은 원칙적으로 풀(pool)제, 전체 비용을 사람 수로 나누어 비용을 감당한다. 교회 지원은 1인당 20만원, 교역자는 항공비 지원.
- 팀내 역할과 담당자를 정한다. 팀장/서기/재정/중보기도(절대적 Follow Up이 선교열매를 좌우)
- 출발 (최소 한 달) 전부터의 일정표를 작성하고, 실질적 모임을 갖는다.
- 프로그램을 현지 선교사와 협의하여 정하고 준비한다. 워십댄스, 드라마, 찬양/연주, 워십/성경/영어/요리학교, 영화상영, 풍선아트, 퍼포먼스(태권도, 마술 등)
- 현지에서 필요한 최소한의 생활/전도 언어와 영어를 익힌다(사영리, 브리지).
- 현지 에티켓, 문화, 역사, 종교, 사회 등에 대해서 기초적 지식을 갖춘다.
- 기도 후원자와 재정 후원자를 모집하고, 기도 편지를 전달한다.
- 부모님의 허락을 꼭 받아낸다. 어떠한 경우에도 부모님을 속이고 선교를 떠나서는 안 된다.
- 준비물은 꼼꼼히 챙기되 불필요하거나 현지에서 조달할 수 있는 것은 과감히 포기한다. 항공기 물품무게 제한을 고려한다. 현지 선교사에게 전달해 달라고 물품 부탁을 받는 경우 적절히 수용/거절한다.
- 선교지에서 요구하는 예방 접종을 받는다(말라리아, 황열병, 장티푸스, 뎅기열 등).

4. 선교지에서 유념할 것들
- 현지 선교사와 인솔 교역자의 지도에 절대 순종한다.
- 현지 협력자/현지인들에게 우월적 자세를 가지지 않는다.
- 문화/관습의 차이에 대해서 우호적 자세를 가진다. 자문화중심주의는 선교의 적이다!
- 준비 과정부터 선교 후 마무리까지 하루하루 일정을 구체적으로 기록한다. 최소한 각각 한 명의 기록맨과 카메라맨이 필요하다.
- 현지인에게 함부로 약속을 하지 않는다. "다시 오겠다/연락하겠다/선물 보내겠다/초청하겠다" 등.
- 현지인에게 금전적으로 도움을 주고 싶을 때는 반드시 현지 선교사의 조언과 지도를 받아서 한다.
- 팀원 간의 연합을 시종 추구한다. 모든 것이 완벽해도 팀이 하나 되지 못하면 그 선교는 실패한 것이다.
- 모든 원칙의 제일 원칙은 돌아와서도 현지 선교사와 사역에 유익이 되어야 한다는 것이다.

5. 단기선교 멋지게 망치는 방법들 ^^
- 선교지에 가서 잘 하면 되니까, 국내에서 모이는 사전모임에는 마음 내킬 때만 참석한다. 팀웍도 가서 다지고, 워십도 가서 연습할 시간 충분하다. 특히 기도는 선교지에서 해야 효과가 있기에 아껴둔다.
- 불평과 원망과 짜증이라는 초강력 독소(毒素)를 내가 먼저 먹은 후 팀원들에게도 나누어준다. 집처럼 편안하고 우아한 식사를 기대한다. 모든 팀원이 철저히 나를 섬기기 위해 존재하기 때문에.
- 좋아하는 지체하고만 언제나, 어디서나 함께 붙어 다닌다. 다른 지

체가 나의 사역파트너가 되면 바꿔달라고 강력히 요구한다. 나는 급이 다르니까.
- 국내는 물론 선교지에서도 늘 팀내에서 연애 감정을 키우고 그것을 실천하기 위해 애쓴다. 교역자와 팀원 몰래 그(녀)하고만 원빙대를 빙자하여 일대일을 시도하며, 틈나는 대로 쪽지와 선물을 건넨다. (가능하면, 새벽 3시에 단 둘이 만나 손잡고 주님을 찬양한다.)
- 현지인이 대접하는 식사를 살짝 맛본 후 얼굴을 찡그리며 자기감정을 그대로 표현한다. 현지에서의 효과적인 사역을 위해 한국식 음식만 고집한다. 만약, 설사라도 걸리면 팀사역에 방해가 되기 때문이다.
- 현지의 낙후된 문화/관습을 지적하고, 선진문명의 참맛을 가르쳐준다. 특히 우리가 현지어를 배워 봤자 얼마 써먹지도 못할 테니 차라리 영어나 한류의 중심인 한국말을 그들에게 가르쳐준다.
- 기도는 선교지에 오기 전 준비단계에서 충분히 했으니 현지에서는 땀 흘려 일하는 것을 최우선 순위로 둔다. 그래도 불안하면, 팀 전체 모임 시간에 공동으로 기도하는 것으로 기도에 대한 부담을 말끔히 정리.

6. 다녀온 후 마무리하기

- 따끈따끈한 마음이 식기 전에 선교보고서를 작성하고, 기록(문서/사진)을 남긴다. 다음 팀이 보고서만 보아도 그림이 그려질 만큼 기록하여 갈수록 팀이 더 업그레이드되도록 돕는다.
- 현지 선교사와 협력자에게 감사의 편지/이메일을 보낸다.
- 개인적인 만남에서 또한 공동체에서 선교보고를 한다.
- 향후 최소한 6개월 동안은 팀원이 정기적으로 모여서 해당 선교지

를 위해 기도한다.
- 다른 단기선교 프로그램들을 알아보고, 참여할 수 있는 기회를 만든다.
- 20대 때 시간의 십일조를 드려 1년 내지 2년의 단기선교사로 기도해 보고 확신이 있으면 실제적 준비를 한다(ITC, 해외봉사단).

|부록6| 좌담회

나에게 제자훈련이란?

일시/장소　　2017.04.15.(토) 저녁 5시-8시 / 사랑의교회 N604 국제접견실
참석자
사회 및 진행　　엄장윤 목사(대학부 팀장)
패널　　　　　김은지 자매(대학1부 소그룹리더)
　　　　　　　이지원 자매(대학8부 소그룹리더)
　　　　　　　박해완 자매(대학7부 조원/제자훈련생)
　　　　　　　이재현 형제(대학4부 조원)

사회자　모두 반갑습니다. 사랑의교회 대학부에서 경험한 제자훈련과 여러 사역에 대해 함께 이야기하고 돌아보려 합니다. 우선 사랑의교회 대학부에는 어떻게 오게 되었는지부터 나눠주면 좋겠습니다.

이지원 리더　또래들을 만나고 훈련받을 공동체도 필요한 것 같아 대학부에 나오게 되었다.

이재현 형제　고등부를 졸업하고 대학부에 오게 되었다. 일찍 군대를 다녀와서 지금은 제자학교를 듣고 있다.

김은지 리더　　어릴 때 잠깐 교회를 다니다가 안 다녔다. 대학에 진학하고 엄마가 사랑의교회가 잘 맞을 것 같다고 추천하셔서 나오게 되었다.

박해완 자매　　불신자 가정에서 자라다가 고등학교 1학년 때 미국으로 유학을 가면서 교회에 나가기 시작하였다. 한국에 들어와서도 교회를 다녀야겠다는 생각을 했는데, 마침 친구가 사랑의교회 대학부를 다니고 있어서 대학교 2학년 때부터 친구 따라서 대학부에 나오게 되었다.

사회자　　처음에 나올 때 가졌던 기대감은 무엇이었나요?

이지원 리더　　또래 친구들을 많이 사귀고 싶었다.

김은지 리더　　별다른 기대가 없었다. 단지 엄마 때문에 대학부에 왔다가, 대학부 목사님의 설교를 들으면서 그간에 고민했던 부분에 대한 해답을 찾은 느낌을 받았다.

이재현 형제　　군 제대 후에 또래들과 함께 신앙생활을 해야 할 필요성을 느꼈고, 영적으로 더 성장하고 싶었다. 마침 여자 친구의 권유로 대학4부에 나가게 되었다.

사회자　　제자훈련을 받았거나 받고 있는 중이라면 제자훈련은 어떠했나요?

김은지 리더　　하나님과 가까워진 시간이었다. 그래서 제자훈련을 고민하는 사람들에게 "하나님께서 1년간 전적으로 삶에 개입하실 것임을 기억하면서 임하라"고 권하고 있다. 훈련받는 동안 생겨난 갈등들에 하나님께서 개입하셨음을 기억한다. 그리고 말씀을 읽고 신앙서적을 읽는 개인경건 과제가 좋았다.

이지원 리더　　모태신앙이었지만, 제자훈련을 받으면서 의외로 내가 모르는 점이 많다는 것을 알게 되었다. 스스로 사랑이 많다고 생각을 했었는데, 막상 사람들과의 관계에서 오는 사랑에만 급급했다는 것을 알게 되었고, 참된 사랑을 하나님 안에서 다시 찾아야 함을 깨닫게 되었다.

박해완 자매　　제자훈련 2학기 중이다. 피상적으로 알던 교리에 대해서, 그것이 어떤 말씀으로부터 도출된 것인지 자세히 알 수 있어서 좋았다. 그런데 제자훈련을 받을수록 내 자신이 부족한 것을 많이 느낀다. 초기에는 총무여서 다른 지체들을 섬겨야 하는 부담감과 책임감이 많았는데 요즘은 다른 지체들이 부족한 나를 용납해주는 것이 느껴져서 정말 감사하다.

사회자　　제자훈련 이후에 가장 변화된 부분은 무엇이라고 생각하나요?

이지원 리더　　하나님을 찾는 시간이 많아졌다. 이전에는 하나님을 잊고 살아가는 시간이 많았는데, 지금은 작은 것에도 감사를 느낄 때가 많다. 그리고 이전에는 좌절하고 절망할 때, 한없이 삶이 무기력해질 때가 많았는데 이제는 그럴 때 말씀을 찾으며 이겨내려 한다.

김은지 리더　　삶의 목적과 목표가 바뀌었다. 그리고 하나님과도 더 깊이 교제하게 되었다. 말씀을 보는 것이 삶에 얼마나 많은 영향을 미치는지 깨닫게 되었다.

사회자　　하나님의 말씀을 더욱 알고 싶어하는 청년들에게 제자훈련이 필요하다고 생각하나요?

일동　　당연하다. 그렇게 생각한다.

사회자　　제자훈련이 리더로서 소그룹을 섬기는 데 도움되었나요?

이지원 리더　　예전에 내가 힘들어했던 부분을 지금 조원들이 힘들어하고 있을 것이다. 그리고 내가 힘들었지만 훈련을 받으며 이겨냈기에 조원들을 위해 더 기도하게 된다.

김은지 리더　　제자훈련을 하면서 말씀이 얼마나 중요한지를 알게 되었기 때문에 조금이라도 더 말씀을 먹어야 한다는 생각을 하게 된다. 그래서 늘 말씀을 통해 하나님과 관계 맺기의 중요성을 강조하게 된다.

사회자　　제자훈련 이후에 리더훈련이 있는데, 다른 이들을 돌보고 섬기기는 데 리더훈련이 도움이 된다고 생각하나요?

김은지 리더　　리더들끼리의 공동체가 필요하다. 더 잘 양육하기 위해 의논할 수 있어서 좋고, 또한 각자의 이야기들을 통해 격려와 도전을 많이 받게 된다.

이지원 리더   리더들 역시 훈련을 받았지만 아직 부족하고 계속 성장해야 하기 때문에 리더훈련이 꼭 필요하다고 생각한다. 리더들이 서로 나누고 격려하면서 함께 성장해나가는 것 같다.

사회자   재현 형제는 제자훈련을 받을 준비를 하고 있는데, 닮고 싶거나 기억에 남는 리더가 있나요?

이재현 형제   많다. 제자훈련을 받아야겠다고 결심하면서부터 하나님께서 나에게 보여주신 리더들이 참 많다. 먼저 우리 리더는 조원들의 기도제목을 모두 기억한다. 오래 전에 나누어서 나도 잊고 있었던 기도제목들을 기억하고 있었다. 계속 기도해준다는 사실이, 그리고 리더의 기도를 통해서 응답을 받았다는 것이 정말 멋있어 보였다.

사회자   바람직한 교역자 상과 관련해서, 청년사역자에게 가장 기대하는 모습은 무엇인가요?

김은지 리더   열정이 가장 중요한 것 같다. 어떤 부분에든 열정을 보여주고 소망을 나눠주는 것 자체가 침체되어 있는 청년들에게 힘이 되는 것 같다.

이지원 리더   무엇보다 닮고 싶고 삶의 본이 되는 교역자가 중요하다고 생각한다.

박해완 자매   하나님 사랑하는 마음을 말씀으로 우리에게 전달하는 교역자였으면 좋겠다. 그런 말씀을 통해 내가 생각지 못했던 부분에서 은혜받을 때가 많았던 것 같다.

이재현 형제   나의 이름을 기억해 주는 교역자, 그리고 작은 관심을 보여주는 교역자가 의미 있게 다가오는 것 같다. 사람들이 많은 대학부이다 보니 더욱 그런 것 같다.

사회자   제자훈련을 제외하고, 대학부 사역 가운데 본인의 영적 성장에 가장 큰 영향을 준 것은 무엇인가요?

이지원 리더   단기선교이다. 한국에 있으면 내가 당장 급하게 해야 할 일에 대한 생각만 많아지는데, 해외에서 2주간 하나님의 일하심에 집중하고, 하나님의 음성에 귀기울이는 시간을 가졌을 때 매우 행복했고 하나님과의 관계도 더 깊어질 수 있었다.

김은지 리더   모든 사역마다 하나님께서 성장시켜주셨는데, 그 중에서도 수양회가 가장 큰 영향을 주었다고 생각한다. 수양회 기간에는 말씀도 많이 들을 뿐만 아니라 기도도 많이 하게 되고, 그래서 하나님과 가장 밀착되는 경험을 하게 되기 때문이다. 하나님을 인격적으로 만나고 비전을 발견하게 되었다. 내 인생에 가장 큰 영적인 변화를 경험한 때인 것 같다.

박해완 자매   수양회였다. 수양회에는 늘 기대하는 마음이 있어서 그런 것 같다.

이재현 형제 저도 동일하게 수양회였다. 제자학교와 제자반을 받아야겠다고 생각하게 된 계기 역시 'Urgent Mission' 여름 연합수양회였다. 교회를 사랑하고 나라와 민족을 위해 기도해야 함을 깨닫고 내 시야가 더욱 넓어진 계기가 되었다.

사회자 대학부에는 캠퍼스 선교를 위한 SEED가 있습니다. 캠퍼스를 위해 기도하는 모임이 누구나 필요하다고 생각은 하지만, 왜 지체들이 많이 참여하지 못할까요?

김은지 리더 시간표가 맞지 않아서 그런 것 같다. 개강 전에 대학부에서 "SEED는 캠퍼스로 선교사를 파송하는 것이다"라는 이야기를 들었는데, 나는 그동안 한번도 내가 다니는 학교에 대해 그렇게 생각해본 적이 없었다. 학교에서 그러한 마음으로 활동하고 다시 주일에 모여 그 선교사역을 나누는 SEED가 있다는 것이 매우 도전되었다.

이지원 리더 아직 우리 학교에는 SEED가 없다. 하지만 일주일 동안 학교에 있다 보면 신앙생활이 무너지는 경우가 많았기에, 주중에 함께 모여 신앙을 돌아볼 수 있는 SEED가 꼭 필요하다고 생각한다.

사회자 군선교를 참여해 본 지체들이 있다면, 어떠했나요?

김은지 리더 군선교가 아침 일찍부터 섬기고 대학부에 오는 것이라 시간적 부담이 크다. 그러나 가보면 그 매력에 자꾸 갈 수밖에 없다. 군인들의 마음밭이 정말 좋아서 복음의 씨앗을 잘 심으면 그들이 크리스천 청년으로 사회로 퍼져 나갈 것이다.

이지원 리더 초신자가 많은 소그룹에 참여했었는데, 초신자 장병들이 신앙에 대해 갖는 순수한 마음들이 오히려 나에게 커다란 도전이 되었다.

사회자 제자훈련이 삶의 터전인 학교생활에 실제로 도움이 되었나요?

이지원 리더 제자훈련 과제 중에 시간계획표를 세우고 얼마나 지켰는지 점검하는 과제가 있었는데 과제를 하며 그 계획에 따라 살려 노력하고, 어떻게 시간을 지혜롭게 보낼지에 대해서 생각해 보며 시간을 낭비하는 습관들이 많이 고쳐졌다. 그러다 보니 자연스레 학업에도 더 열심을 다할 수 있었던 것 같다.

김은지 리더 도움이 되었다! 제자훈련을 할 당시 학부연구생까지 병행하느라 상당히 바빴다. 하지만 '학생' 또한 하나님께서 보내신 자리이기에 나의 역할에 충실해야 한다고 생각했고, 제자훈련을 하며 성적이 떨어지고 싶지 않다는 마음도 있었다. 그래서 제자훈련할 때 "한 손에는 성경 들고, 한 손에는 전공책 들고!!"를 캐치프레이즈 삼아 학교생활을 하였고, 결과적으로 하나님과 함께하는 전공 공부를 경험할 수 있었다.

나는 시험 기간만 되면 극심한 스트레스로 인해 위염이 잦았는데, 제자훈련을 통해 이전보다 영적으로 채워지고 마음속의 중심이 서서히 변화되다 보니, 스트레스도 적어지고 공부 자체를 즐기며 재미있게 할 수 있었다. (여담이지만 성적도 올랐다.)

학교생활에서 빼놓을 수 없는 것이 인간관계, 혹은 '팀플'인데, 여기에도 영향을 주었던 것 같다. 사람을 바라보는 시선이 좀 더 넉넉해졌으며, 이해하려고 노력하게 되었다. 이전이라면 나의 잣대로 판단하고 심판하여 미워만 했을 사람도 "사랑하게 해달라"라고 하나님께 구했다. 팀플의 결과에 따라 성적이 달라지고, 나의 노력이 어쩌면 타인보다 더 많게 느껴져 일어날 수 있는 갈등도 성적에 연연하지 않게 변화된 마음으로 잘 풀어낼 수 있었다.

이재현 형제   학교생활이 시작됨과 동시에 제자학교도 개강해서 말씀이 내 일상에 적용될 수 있는 상황이 많아 좋았다. 충분히 신앙에 집중하기 어려울 수 있는 상황임에도 불구하고 제자학교 덕분에 규칙적인 신앙생활을 유지할 수 있었다.

박해완 자매   아직 복학을 안 해서 잘 모르겠다.

사회자   제자훈련이 다른 지체들과의 관계를 맺어가는 부분에서는 어떤 영향을 주었나요?

이지원 리더   나는 내 울타리 안에 있는 사람이 아니면 관심도 없고 굳이 친해지려 하지도 않았다. 내가 싫어하는 모습을 보이는 사람이면 피하는 성격이었다. 그런데 예수님의 사랑에 대해 제자반에서 묵상하며 제 악함들마저 사랑하시던 예수님의 사랑을 느끼게 되어 이러한 편협한 친구 관계를 해결하고자 노력하게 되었고 많이 나아진 것 같다.

김은지 리더 타인을 볼 때 마음이 좀 더 넉넉해진 것 같다. 누구에게든지 내가 알지 못하는 배경이나 상황들이 있다고 생각하게 되었고, 이를 통해 좀 더 이해하려는 마음을 가질 수 있었다. 그러다보니 교수님과의 관계, 연구생 시절 상사나 다름없었던 박사나 석사생들과의 관계에서 갖게 되는 불만이나 개인적인 어려움이 많이 줄어든 것 같다.

이재현 형제 대학4부 사람들과 깊은 이야기(신앙, 생활, 감정)를 할 수 있어서 좋았다. 소그룹으로 성경을 나누고 또 고민에 대한 성경적 해결책을 찾아보는 시간 또한 좋았다.

박해완 자매 다른 사람들이 나를 섬겨주고 있는 것들을 좀 더 발견하게 되고 그래서 관계 안에서 감사할 수 있는 것 같다.

사회자 지금 내게 가장 중요한 것은 무엇인가요?

이지원 리더 지금 내가 가장 중요하게 고민하는 부분은 가정과 일터에서 그리스도인으로서 어떻게 살아야 할지에 대해서다.

김은지 리더 지금 나에게 가장 중요한 것은 하나님과 함께하는 것, 하나님을 더 알아가는 것이다. 하나님과 함께하지 않으면, 성령으로 채워지지 않으면 공허하다는 사실을 많이 알게 된 것 같다.

그리고 지금 내가 알고 있는 하나님의 가치를 어떻게 교회를 다니지 않는 사람들에게 알릴지, 또 내가 있는 삶의 자리에서 어떻게 풀어낼지, 이런 것들이 나에게 중요한 일이 된 것 같다.

이재현 형제   내게 가장 중요한 것은 내 노력을 하나님의 계획과 맞추는 것이다. 내가 지금 다니는 학과에서의 공부, 교육봉사, 교회생활, 신앙생활 같은 모든 노력이 하나님의 계획과 성품과 맞지 않는다면 모두 헛수고이기 때문이다. 제자학교 더 나아가 제자훈련은 세상에 휩쓸려 잃어버릴 수 있는 그 초점을 계속해서 맞춰주는 훈련이다.

박해완 자매   하나님께서 나를 시험하고 연단하신다는 생각이 든다. 그 과정을 거쳐 나가는 가운데 담대함과 성실함, 하나님을 항상 의지하는 태도를 가지고 더 다듬어지도록 깨어 있으면 좋겠다.

사회자   여러분에게 사랑의교회 대학부란 무엇인가요?

이재현 형제   대학부는 도전을 주는 곳이다. 신앙적인 측면이나 그것을 실천하는 측면에서, 비전에 있어서도 그렇다. 통일선교데이를 통해 탈북자 대안학교인 반석학교 이야기를 들었다. 영어공부를 힘들어하는데 외국에서 오래 산 내가 교사로 섬겼으면 좋겠다고 했다. 중간고사 이후에 섬기기로 했는데, 통일선교에 나의 영어가 도움이 된다니 대학부가 없었다면 생각도 못 해봤을 것이다. 그런 측면에서 대학부는 나에게 날마다 도전을 주는 곳이다.

박해완 자매   나는 훈련의 장이라고 생각한다. 제자반 이후의 리더로 섬기는 과정 역시 훈련의 연장선이라고 생각한다. 여러 모임을 통해 다른 사람들과 만나면서, 그러한 관계 안에서 더욱 성숙해지고 자라는 곳이라고 생각한다.

김은지 리더   내가 사랑하는 공동체다. 대학부에서 좋은 동역자들을 많이 만나 성장하게 되면서 대학부를 더 사랑하게 된 것 같다. 그리고 대학부를 위한 기도 역시 많이 하게 되는 것 같다. 다같이 서로 사랑하고 하나님을 사랑하는 공동체가 되었으면 좋겠다.

이지원 리더　　나에게 대학부는 전환점이다. 매우 모난 성격도 많았고 아직 변화되어야 할 부분도 많지만, 돌아보면 대학부가 여러 면에서 나를 변화시키고 성장시켜준 곳이라고 생각하기 때문이다.

사회자　　3시간이 훌쩍 넘는 시간동안 자신들의 진솔한 이야기를 나눠줘서 고맙습니다. 우리 모두 하나님께서 기대하시는 제자로 자라나고 성장하기를 간절히 소망합니다.

청년이
답하다